Rolf L. Temming

ZWISCHEN OSTSEE UND ERZGEBIRGE

Wissenswertes für Bahnfreunde

Orell Füssli

Titelbild: Zug der Harzquerbahn vor dem Westerntor
in Wernigerode.

Gesamtherstellung: Ebner Ulm
Printed in Germany
ISBN 3 280 02021 2

Einleitung

Als die Idee für dieses Buch entstand, existierte die DDR, die Deutsche Demokratische Republik, noch. Während der Vorarbeiten wurde sie ein Teil der Bundesrepublik, des vereinigten Deutschlands. Das war von vornherein klar, und es bedeutete für uns auch, daß wir nicht einen Tag lang an die Änderung des Planes dachten, Eisenbahnen im Gebiet der (früheren) DDR zu beschreiben.

Ausgangspunkt war für uns, daß die Eisenbahnen der früheren DDR für die meisten Eisenbahnfreunde der Bundesrepublik Deutschland und ihrer westlichen Nachbarn bisher unbekannt oder nur wenig bekannt sind. So bringt das Gebiet der früheren DDR neue Eindrücke und neue Abenteuer selbst für international erfahrene Eisenbahnfans. Vieles wird heute unproblematisch zur Besichtigung freigegeben, darf fotografiert werden, was als Geheimnis betrachtet wurde, man spricht offen über Probleme und Pläne.

Was die Eisenbahnen in Mecklenburg und Brandenburg, in Thüringen, Sachsen-Anhalt und Sachsen für uns so interessant macht, ist die Tatsache, daß wir dort manches noch sehen, was in der Bundesrepublik Deutschland schon seit Jahren der Vergangenheit angehört und nur noch im Museum zu sehen ist.

Insbesondere die Schmalspurbahnen in Sachsen und an der Ostseeküste sind – eigentlich unfreiwillig – Museumsbahnen geworden. Daraus ergibt sich die Chance, ein Stück im Westen verlorener Eisenbahngeschichte lebendig zu erhalten – als Teil eines erfolgversprechenden Tourismuskonzeptes.

Fast aufregend sind für den Besucher «aus dem Westen» auch die zweistöckigen Personenwagen. Sie knüpfen an eine fast verschüttete Tradition an, konnten aber nach dem Zweiten Weltkrieg in der Bundesrepublik Deutschland nie heimisch werden. In der DDR gibt es eine ganze Reihe von Baumustern als Kombination mehrerer Wagen (mit gemeinsamen Fahrgestellen in der Mitte) wie als Einzelwagen. Während man in Zürich stolz zweistöckig fährt und mit Begeisterung sowohl in Deutschland wie auch in Österreich die Wagen ausprobiert, winkt man jenseits der Elbe ab. Das sei eine vergangene Epoche, geboren aus der Not der unzureichenden Gleislängen und der zu kleinen Bahnhöfe. Und im Fernverkehr habe sich das System sowieso nicht bewährt. Es bringe – wegen des Platzverbrauchs der Treppen – fast nur zusätzliche Stehplätze und das Ein- und Aussteigen dauere zu lange. Sollte die DDR zumindest auf diesem Gebiet «vorn» liegen?

Aber es geht nicht nur um das «rollende Material», auch um Bahnhofsbauten und Brücken. Es gibt Kleinodien, die zu erhalten sind, und es gibt auch eine gute Reihe solcher Bauten, die mühe- und liebevoll restauriert wurden. Sachsen ist nun einmal das erste deutsche Eisenbahnland und voller Eisenbahn-Denkmäler.

Die Neubaulok Nr. 99 1793-1

Unser Buch ist eine an keine einengende Systematik gebundene Zusammenstellung einer Reihe von Dingen, die kennenzulernen sich für den Touristen lohnt. Dabei ist der Interessen- und Blickwinkel des Eisenbahnfreundes aus dem Westen nicht verleugnet, vielleicht können wir aber auch dem einen oder anderen Eisenbahnfreund zwischen Rostock und Görlitz Hinweise für seine Eisenbahnreise geben. Die Recherchen begannen mit einigen Reisen im Frühsommer '90 und liefen in Kontakten mit Organisationen, Eisenbahn-Dienststellen und Eisenbahnfreunden, denen für ihre Mithilfe ganz herzlich gedankt werden soll, bis zum Jahresende. In Zeiten des Umbruchs kann der Chronist nur ein Augenblicksbild schaffen. Für Hinweise ist der Verlag immer dankbar, um das Werk zu verbessern.
Schließlich möchte ich nicht versäumen, auch hier auf die große Chance aufmerksam zu machen, die gegeben ist, bei der Modernisierung der Eisenbahn der früheren DDR ein vernünftiges Verkehrskonzept zu verwirklichen. Das heißt, der – oder besser einer moderneren, leistungsfähigeren und umweltschonenden – Eisenbahn den Platz im Zusammenwirken der Verkehrsträger einzuräumen, der ihr als umweltfreundlichstes und sicherstes Verkehrsmittel gebührt.

Rolf L. Temming

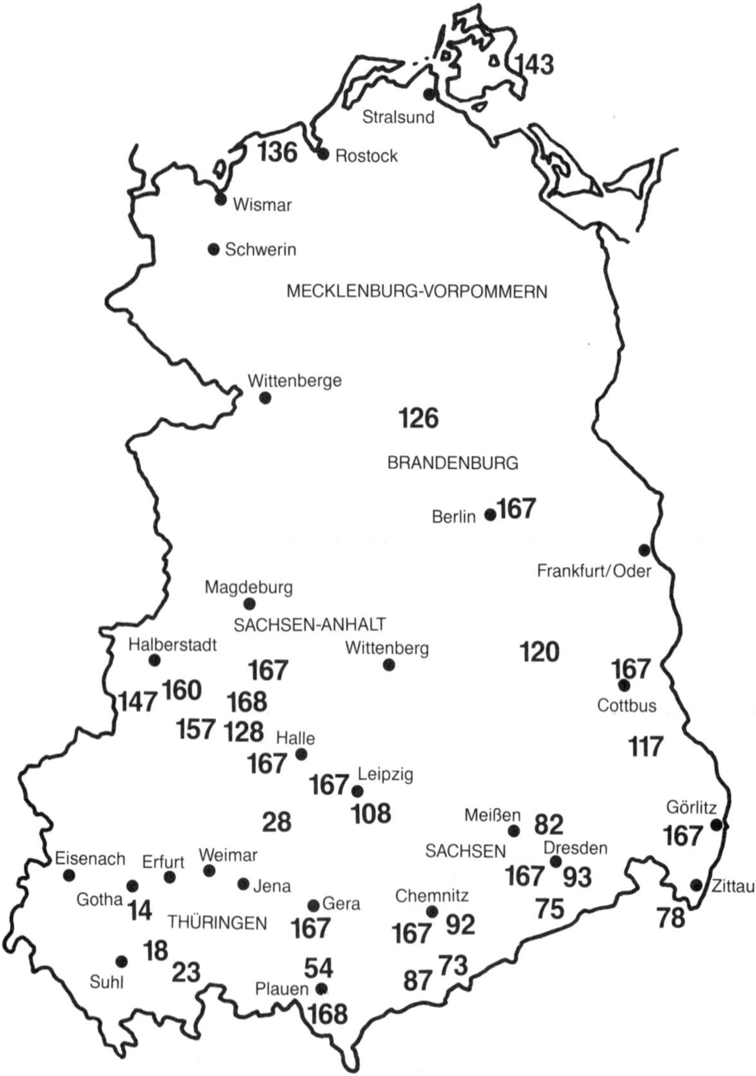

Die Umrisse der Karte bezeichnen das Gebiet der früheren DDR

Inhalt

Thüringen

Für den Eisenbahnfreund decken sich die Begriffe Thüringen und Thüringer Wald weitgehend. Dort verbinden sich landschaftliche Schönheit mit technischen – nein, nicht Wundern, dafür ist Thüringen zu solide, aber mit soliden Leistungen, die im Eisenbahnwesen als Problemlösungen Marksteine setzten. Dazu gehört der Brandleitetunnel von Oberhof mit 3039 m Länge, dazu gehört aber auch die preußische T 20, die im Thüringer Wald Schiebedienste leistete und damit die Teilung schwerer Züge auf der Rampe Probstzella–Ludwigsstadt unnötig machte und so die Durchlaßkapazität schlagartig erhöhte. Dazu gehören auch Bauwerke wie der Viadukt von Stadtilm und die Traditionsbahn Erfurt–Erfurt West.

Thüringen wurde schon in den vierziger Jahren des vorigen Jahrhunderts das Eisenbahnland zwischen Berlin/Leipzig, Kassel und Frankfurt am Main, eine der damals wichtigsten und in Zukunft wohl auch wieder wichtigsten deutschen Verkehrsachsen. Das war ein rechtes Problem im Hinblick auf die deutsche Kleinstaaterei und Partikularinteressen. Eigentlich wollte Preußen sein Gewicht in die Waagschale werfen, durch einen Eisenbahnbau von Halle über Mühlhausen nach Kassel einer unangenehmen Auseinandersetzung mit dem Hause Thurn und Taxis über dessen Postmonopol in Thüringen aus dem Wege zu gehen. Doch die thüringischen Städte drängten auf Eisenbahnanschluß. Friedrich List «koordinierte» die Bemühungen und erreichte, daß die drei thüringischen Herrscherhäuser 1840 der Bildung des «Thüringischen Eisenbahnvereins» von Sachsen-Weimar, Sachsen-Meiningen und Sachsen-Coburg zustimmten. 1844 wurde die «Thüringische Eisenbahn-Gesellschaft» gegründet, 1846 konnte das erste Teilstück zwischen Halle und Weißenfels fertiggestellt werden, 1847 erreichte der Eisenbahnbau Eisenach, 1849 Gerstungen. Ein sehenswertes Baudenkmal ist der Viadukt über der Stadt Apolda

von 1846 (für die Herausführung aus dem Tal der Ilm waren zur Dampflokzeit Schiebeloks vonnöten).
Ich möchte Sie einladen zur Fahrt durch die Täler des Thüringer Waldes hinauf zum Rennsteig. Von Ilmenau nach Suhl, von Saalfeld nach Sonneberg. Und ins Werratal mit verheißungsvoll klingenden Stationen wie Meiningen, Schmalkalden und Hildburghausen (deutsche Geschichte, die ins «Abseits» geraten ist).
Als uns unsere Reise nach Saaldorf an der Bleilochtalsperre führte, erklärte eine vertrauenswürdig und beeindruckend resolut wirkende Mitbürgerin, die schönste Eisenbahn wäre die von

Viadukt in Stadtilm an der Strecke Arnstadt – Bad Blankenburg. Das imposante Bauwerk aus dem Jahre 1893 hat 21 Bogen aus Naturstein, ist 201 m lang und 25 m hoch.

Das ziegelrote Backsteingebäude des Bahnhofes in Kranichfeld, Endbahnhof der Bahnstrecke von Weimar.

Triptis über Ziegenrück nach Lobenstein. Besonders das Teilstück von Ziegenrück nach Lobenstein. Zuerst hoch über der Saale zum Schweinbachtunnel und dann in das Ottertal, wo die Bahn wieder hoch über der Talsohle verläuft. Hinter Liebschütz durch Schlucht und Tunnel, über den Ziemestalviadukt (120 m lang, 36 m hoch, eine Gußpfeilerbrücke mit fünf Stützen). Ebersdorf war bis 1918 reußische Residenz, das Schloß ist noch zu sehen – so habe ich es nachgelesen und auf der Karte nachgefahren, weil die Zeit zur eigenen Recherche nicht ausreichte. Nun wieder im Originalton: Das Schönste aber ist der Viadukt über Unterlemnitz, das man erst von oben, dann mit dem Viadukt vor sich liegen sieht ...
Das schauen wir uns bei der nächsten Reise an.

Die Thüringerwaldbahn

Es schaut so aus, als hätte die Bahn, «Waldbahn» nennt man sie einfach, ihre Existenz der Tatsache zu verdanken, daß die königliche Eisenbahndirektion die Interessen des Herzogtums Sachsen-Coburg-Gotha und seiner Einwohner in der Residenzstadt Gotha gröblich mißachtete. Jedenfalls stellte die aus einer Pferdebahn entstandene, 1876 als Dampfbahn eröffnete normalspurige Stichbahn Fröttstedt–Friedrichroda die Gothaer nicht zufrieden, die den damals schon bedeutenden Ferienort Friedrichroda und ihren «Hausberg», den Inselberg, und andere erholsame Partien des Thüringer Waldes besuchen wollten – aber auch möglichst viele der Gäste, die im in Mode gekommenen Thüringer Wald Erholung suchten, in ihrer Stadt sehen wollten. Sie ergriffen die Initiative, mit dem Erfolg, daß heute Waltershausen wie Friedrichroda sowohl mit der Überland-Straßenbahn Thüringerwaldbahn wie auch über die normalspurige Eisenbahn zu erreichen sind, und daß beide Bahnen, von Gotha die eine und von Fröttstedt die andere kommend, ein ganzes Stück nebeneinander her laufen. Doch davon später.
Solche Überland-Straßenbahnen gibt es im Gebiet der ehemaligen DDR noch zwischen Magdeburg und Schönebeck und zwischen Halle und Merseburg.
Die Thüringerwaldbahn steht im Eisenbahn-Kursbuch, und sie erfüllt außerhalb der Stadt Gotha durchaus die Anforderungen, die man an eine Eisenbahn stellt – eigener Bahnkörper mit Schwellen und Schotterbett und Fahrleitungen mit selbsttätiger Nachspannvorrichtung –, während sie im Stadtgebiet auf den Rillenschienen der Straßenbahn fährt und im übrigen typische Straßenbahnfahrzeuge benutzt.

Die Fahrt beginnt vor dem Empfangsgebäude des Gothaer Hauptbahnhofs. Zwei «Bahnsteige» gibt es für die nur in der Stadt verkehrenden Linien 1 und 2 der Straßenbahn und für die hier Linie 4 genannte Thüringerwaldbahn, deren Fahrplan geschickt in den der anderen Linien eingepaßt ist, da sie – einige Haltestellen überspringend – schneller ist als die anderen. Von den Gelenkzügen gibt es die «Stadtausführung» und die «Waldbahnausführung», die sich von der erstgenannten durch eine größere Zahl von Sitzplätzen auf Kosten der Stehplätze auszeichnet:

Typ	G4-65	KT4D
Nummer	210–216	301–306
Hersteller	VEB Waggonbau Gotha/LEW Henningsdorf	CKD Prag «Tatra»
Baujahr	1967	1982
Länge mm	21 705	19 410
Motorleistung	2 × 60 kW	4 × 40 kW
Sitzplätze	51	44
Stehplätze	120	120

Die Gleise liegen heute nicht nur hier vor dem Hauptbahnhof anders als am Beginn der Gothaer Straßenbahnzeit. Manches wurde im Lauf der Zeit verändert, da sich die Anforderungen erhöhten. Denn Gotha war immer «fortschrittlich». Schon 1847 kam die Eisenbahn, 1894 die elektrische Straßenbahn – vor Großstädten wie Berlin, München, Leipzig, Frankfurt am Main.

Als dann der Ruf nach einer direkten Schienenverbindung der Stadt mit den Teilen des Herzogtums um Friedrichroda immer dringender wurde und die Eisenbahnverwaltung sich taub stellte, kam die Erweiterung der Straßenbahn zu einem umfangreichen elektrischen Kleinbahnnetz ins Gespräch, auf dem auch Güterverkehr betrieben werden sollte. Ladegleise, Rampen und Schuppen waren geplant. Nach vielem Hin und Her wurde auch mit dem Bau begonnen, der Erste Weltkrieg unterbrach die Aktivitäten, und nach Krieg und Inflation kam es endlich 1929 zur Eröffnung der einzigen der geplanten Linien, der bis Friedrichroda und Waltershausen gebauten Thüringerwaldbahn, die sich nun ganz dem Personenverkehr widmete, unter den veränderten Verhältnissen auch dem Berufsverkehr

aus dem Umland in die inzwischen gewachsene Stadt mit ihren Industriebetrieben und Verwaltungen.
Währenddessen haben wir nun die Stadt durchfahren und nach etwa 15 Minuten Fahrzeit die Endstation der Linie 1 erreicht, wo ab der «Wagenhalle» für die Thüringerwaldbahn ein eigener Bahnkörper beginnt. «Schöne Aussicht» heißt die nächste Haltestelle, weil man hier früher einen unverbauten Blick auf ein weites Stück Thüringer Wald hatte. Bergab geht es parallel mit der Straße, die Eisenbahn Gotha–Eisenach wird unterkreuzt, dann führt das Gleis durch Sundhausen und danach quer durch freie Wiesen und Felder. Boxberg, eine Gleisschleife zur Bereitstellung von Sonderwagen für die Besucher der Pferderennen. Dann die Autobahn, der Ort Leina. Der «Kilometer 11» mit einem Ausweichgleis markiert die Mitte der Strecke.

Die Thüringerwaldbahn im Haltepunkt Friedrichroda. Hier laufen die Gleise der Schmalspurbahn und der normalspurigen Nebenbahn Fröttstedt–Friedrichroda (Standpunkt des Fotografen) nebeneinander her.

In Waltershausen-Wahlwinkel hält der Zug direkt neben dem Dorfteich. Dann geht es wieder durch freies Feld und schließlich in einer Rechtskurve bergauf: Die Reichsbahnlinie Fröttstedt–Friedrichroda wird überquert, und in der Abfahrtsrampe liegt das «Gleisdreieck», wo sich die Strecke teilt in einen Strang nach Friedrichroda und weiter nach Tabarz und einen weiteren nach Waltershausen. Hier treffen sich meist drei Züge. Lassen Sie uns weiterfahren nach Friedrichroda, denn nun beginnt der «Wald». Reichsbahn und Thüringerwaldbahn laufen ein Stück parallel, vorbei an den «Reinhardsbrunner Teichen» bis zur Haltestelle Reinhardsbrunn Bahnhof (umsteigen zur Reichsbahn). «Marienglashöhle» heißt die Haltestelle vor Europas größter Höhle dieser Art, in der früher Gipskristalle abgebaut wurden. Sie dienten zur Ausschmückung sakraler Bildwerke. Dann Tabarz, Ferien- und Erholungsort. Schon am Ortsrand die Endstation mit Gleisschleife und einem Gleisstumpf, der an das frühere Umsetzen der Züge erinnert. Spätestens hier sollten Sie sich daran erinnern, daß die Thüringerwaldbahn eine Ausflugs- und Wanderbahn ist.

Auf dem Rennsteig Kopf machen

Von den Bahnen, die den Thüringer Wald kreuzen, ziehe ich die von Ilmenau nach Schleusingen vor. Das, obwohl die Strecke über Oberhof nach Suhl und Meiningen älter, wichtiger, mehr frequentiert und insofern einzigartig ist, als sie den längsten Tunnel der einstigen DDR, den 3039 m langen, in den Jahren 1881 bis 1884 erbauten Brandleitetunnel durchfährt. Und – vielleicht deshalb meine Zurücksetzung – weil sie auch den auf dem Kamm des Gebirges verlaufenden Rennsteig nicht kreuzt, sondern schnöde unterfährt. Ja, es ist ganz einfach Hochstapelei, wenn diese konkurrierende Strecke von sich behauptet, sie berühre den beliebten Erholungs- und Wintersport-

Bahnhof Rennsteig. Einsamer Kopfbahnhof auf dem Kamm des Thüringer Waldes.

ort Oberhof. Der gleichnamige Bahnhof liegt vielmehr weit unterhalb, vier Kilometer vom Ort entfernt.
Vielleicht ist es auch die Erinnerung an die mehr als vierzig Jahre zurückliegende tägliche Pendelfahrt zwischen Manebach und Ilmenau auf den Plattformen überfüllter «Donnerbüchsen» im Funkenregen der braunkohlegefeuerten Dampflokomotiven, der manches Brandloch verursachte. Das kurzatmige Ächzen der Dampfloks ist dem sonoren Brummen der Dieselloks gewichen, dahinter rollen jetzt doppelstöckige Reisezugwagen ...

Der Zug kommt von Erfurt, hat in Neudietendorf die Hauptstrecke Erfurt–Gotha–Eisenach verlassen und ist über Arnstadt gemächlich durch das Hügelland nach Süden gerollt. Ein großer Bogen um Ilmenau – hier zweigt die Strecke nach Großbreitenbach ab. Unser Zug folgt dem Tal der Ilm. Die Berge rücken rechts und links an Straße und Bahntrasse. Wir kommen in den Wald.
Als man in den ersten Jahren unseres Jahrhunderts die Strecke anlegte, wollte man sich eine kostspielige Wiederholung der beim Bau der Hauptbahn zwischen Erfurt und Suhl notwendig gewordenen Kunstbauten ersparen. Vor allem sollte auf Tunnelbauten verzichtet werden. Statt dessen wurden – man rechnete nicht mit schweren Zügen – vier Zahnstangenabschnitte eingebaut, immerhin erreichten die Steigungen stellenweise 1:16. Doch der Betrieb mit der preußischen T 26 (später 97°, einer C1'n2) befriedigte auf die Dauer nicht, mußte man doch auf den Zahnstangenabschnitten sich mit einer Höchstgeschwindigkeit von nur 20 km/h zufriedengeben. In den zwanziger Jahren erschien dann die legendäre 95° (preußische T 20), Bauart 1'E1'h2, die mit 65 km/h und 1620 PS (und Riggenbach-Gegendruckbremse) es ermöglichte, die Strecke im reinen Adhäsionsbetrieb zu befahren. Die Zahnstangen wurden 1927 überflüssig.
Hinter Ilmenau über dem Tal links der 861 m hohe «Kickelhahn», wo Goethe – er war ein Verehrer dieser Gegend – sein «Über allen Wipfeln ist Ruh' ...» dichtete. Im Tal erscheint der Erholungsort Manebach, dann nach einigen Biegungen Süt-

Nahverkehrs-Personenzug mit Diesellok 118 und Doppelstockwagen bei der Ausfahrt aus dem Bahnhof Rennsteig.

zerbach, das durch- und teilweise umfahren wird, denn nun verlassen wir das Tal der Ilm und ersteigen mit bildschönen Ausblicken den Rennsteig, den alten Kammweg des Thüringer Waldes.

Oben, mitten auf der menschenleeren Hochfläche, ein echt Thüringer schiefergetäfeltes Bahnhofsgebäude, Umsetzgleis (kurz, man wird an den Nebenbahn-Charakter der Strecke erinnert, Gleisstumpf und Prellbock ... Nein, auch der «D-Zug aus Leipzig» kommt nur mit drei Wagen).

Mit dem Aufsichtführenden (wie heißt er in der Hierarchie der Dienstgrade der Reichsbahn?) kommen wir ins Gespräch. Er hat «26 Lokomotiven zu Hause», die er mit Freunden aufarbeitet, und sie hätten sich lange bemüht, die abgebaute Kleinbahn Rennsteig–Frauenwald wieder in Gang zu bringen. Ohne Erfolg. Aber da alles anders werden soll, hat auch er wieder Hoffnung geschöpft. Er unterbricht das Gespräch: «'tschuldigung, ich muß die Weiche schmeißen», denn der Zug von Stützer-

bach kommt rauf, und hier oben ist alles Handarbeit. Wanderer verlassen den Zug. Irgendwie passen die doppelstöckigen Wagen (noch weniger als die Diesellok) nicht in diese Idylle.
In Schmiedefeld erreichen wir das Tal der Nahe. Der Name des Ortes könnte nicht besser sein Bild charakterisieren. Doch die weitgehend von der Wasserkraft abhängige Kleinindustrie ist vielfach der «Erholungsindustrie» gewichen. Man wähnt sich in der guten Stube Thüringens. Mit aller Vorsicht bergab geht es über Thomasmühle und Schleusinger Neundorf nach Schleusingen, wo wir auf die Nebenstrecke Suhl–Schleusingen–Themar treffen.
Die will ich Ihnen nun zur Weiterfahrt empfehlen, denn der Streckenabschnitt Schleusingen–Suhl ist nicht nur einer der

Erholungsort Stützerbach im Thüringer Wald.

schönsten, sondern mit bis zu 68‰ auch der steilste der thüringischen Eisenbahnen. Das ergibt sich aus der Tallage der beiden Städte Schleusingen (372 m) und Suhl (426 m) und den dazwischen liegenden Bergen.
Von Schleusingen aus nimmt der Zug das Breitenbachtal, nach dem Haltepunkt S. Kilian das Tal der Erle mit dem Haltepunkt Erlau. Bei Hirschbach zweigt rechts das Tal der Finsteren Erle ab, die weiter oben die Talsperre Erle bildet. Wir überqueren sie auf einem dreibogigen Viadukt. Hinter Suhl-Friedberg (auf km 3,7, von Suhl aus gerechnet) hat die Bahnstrecke den höchsten Punkt erreicht und es geht steil hinunter nach Suhl.
Und von dort? Vielleicht sollten wir es doch einmal mit der Hauptstrecke Suhl–Oberhof–Erfurt und dem Brandleitetunnel für die Rückfahrt versuchen. Sie ist zumindest die schnellste Verbindung.

Oberweißbacher Bergbahn

Die Kombination von Standseilbahn und Adhäsionsbahn galt lange Zeit als die einfachste Möglichkeit der Erschließung gebirgiger Landschaften. Hat man doch sogar für die Jungfraubahn im Berner Oberland solche Pläne gewälzt. Klassische Beispiele der Kombination sind die Bahnen von Lauterbrunnen nach Mürren (ebenfalls im Berner Oberland) und – die Oberweißbacher Bergbahn Obstfelderschmiede – Lichtenhain an der Bergbahn – Cursdorf.
Lassen Sie mich der Sicherheit halber kurz das System der Standseilbahn erklären. Zwei Wagen verkehren auf einer schie-

Die Oberweißbacher Bergbahn.

fen Ebene, beide an einem Stahlseil, so, daß der eine Wagen in der Bergstation und der andere in der Talstation die Fahrt beginnt. Das Seil läuft über eine rotierende Scheibe in der Bergstation. So können beide Wagen auf einem gemeinsamen Gleis laufen, nur in der Mitte ist eine Ausweiche nötig. Die Standseilbahn braucht nur wenig Energie, nur so viel, um die Differenz zwischen den beiden Wagen, zwischen Berg- und Talfahrt, auszugleichen. In den Anfangsjahren dieser Technik wurden Bahnen gebaut, die man mit Wasserballast antrieb. Beide Wagen hatten einen Wassertank, in den an der Bergstation so lange Wasser eingefüllt wurde, bis der talwärts fahrende Wagen so schwer war, daß er den anderen durch sein Gewicht hochzog.

Oberweißbacher Bergbahn. Beginn der Flachstrecke in Lichtenhain.

Da durch das Umrollen des Zugseils der talwärts fahrende Wagen immer schwerer wurde, der bergwärts fahrende leichter, hatte der Wagenführer die Aufgabe, während der Talfahrt mit Gefühl Wasserballast abzulassen oder die Bremse zu bedienen. Die Oberweißbacher Bergbahn wurde 1923 gleich mit elektrischem Antrieb erbaut und hat eine besondere Vorrichtung, auf einer Art Rollbock normalspurige Wagen zu befördern, und zwar so, daß diese trotz der Steigung waagerecht stehen. Die Plattform ist mit einem normalspurigen Gleisstück versehen, während der Wagen am anderen Ende des Seils ein wie bei solchen Bahnen gewohnter normaler Personenwagen ist.

Nach Obstfelderschmiede kommen wir mit der Schwarzatalbahn, die von Rudolstadt über Bad Blankenburg nach Katzhütte fährt, durch ein romantisches Tal voller Wiesen und Waldhänge hinauf in den Thüringer Wald. Was allerdings gesagt werden muß: Wie so oft ist es von der Endstation bis in den Ort, deren Namen sie trägt, noch ein erhebliches Stück Wegs und, ähnlich wie im benachbarten Großbreitenbach, ist allzu klar ersichtlich, daß die Eisenbahn nicht der Ausflügler, Feriengäste und Wanderer wegen gebaut wurde, sondern in erster Linie für den Frachtverkehr der auf dem Gebirge liegenden Betriebe.
Nun zu unserer Bergbahn. Der Bahnhof liegt gleich neben dem Haltepunkt Obstfelderschmiede der Reichsbahn. Gegenüber ein großer Parkplatz für auf eigenen Rädern Anreisende, den man über eine Brücke über die Schwarza erreicht. Erfrischungen, Ansichtskarten, Souvenirs ...

Die Bergbahn ist 1,360 km lang und steigt von 339 m auf 664 m, also 325 m, etwa 1:4. Sie hat eine Spurweite von 1800 mm. Die Bergbahn ist damit die steilste für den Übergang normalspuriger Eisenbahnwagen. Es gibt auch eine Zufahrt von der Schwarzatalbahn und eine Drehscheibe zwischen den beiden Systemen, für Güterwagen. Deren Transport ist auf dem Rollbock auf einen Achsabstand von 7 m, eine Wagenlänge von 11 m und ein Gesamtgewicht von 27 t begrenzt. Das allerdings ist Theorie, da der Transport von Güterwagen eingestellt wurde.

Es kommt wohl nur noch der Personenwagen in Frage, den wir – bei wegen Revision stilliegender Bergbahn – auf der Drehscheibe vorfanden.
Der fest am Seil hängende «schräge» Personenwagen ist 9 m lang und hat treppenförmig angeordnete Abteile. Das zulässige Gewicht ist 24 t, das Fassungsvermögen 150 Personen. Der Sicherheit dient die selbsttätige Bremse.
Sie sollten noch wissen, daß das 1400 m lange Drahtseil einen Durchmesser von 38,5 mm hat und pro Meter 5,5 kg wiegt. Sechs Litzen sind um eine Hanfseele geflochten, die Bruchfestigkeit ist 90 000 kg.

Idyllisches Schwarzatal bei Meuselbach–Schwarzmühle.

Lichtenhain an der Bergbahn ist ein kleiner Erholungsort mit schöner Fernsicht. Der «Bahnhof» der Standseilbahn ist thüringisch schieferbeschlagen, es schließt der Standplatz der normalspurigen Adhäsionsbahn an, die einspurig nach Oberweißbach-Deesbach und weiter nach Cursdorf fährt, insgesamt 2,5 km weit. Die Höhendifferenz zwischen Anfang und Endpunkt der Strecke ist 14 m. Es fahren zweiachsige Triebwagen solo mit elektrischer Oberleitung mit 600 V Gleichstrom. Ein Wagen bietet für 24 Personen Sitzplätze, dazu eine größere Zahl von Stehplätzen, denn: Fährt die Bergbahn 18 Minuten, so ist der Triebwagen nur 10 Minuten bis zur Endstation unterwegs. Ein Detail der Bauart beider Triebwagen ist festzuhalten, wenn es auch keine Gültigkeit mehr hat: Da der Sparsamkeit halber Masten mit sehr kurzen Auslegern für die Oberleitung aufgestellt worden waren, mußten die Stromabnehmer außermittig angeordnet werden – kein Problem, da es nirgendwo auf der Strecke eine Möglichkeit zum Wenden der Fahrzeuge gibt. Mit der Rekonstruktion der Fahrleitungen im Jahre 1979 allerdings fiel diese Besonderheit fort. Die Fahrleitung wurde in die Gleismitte versetzt.
Die Oberweißbacher Bergbahn ist ein technisches Denkmal und wird liebevoll unterhalten. Darüber hinaus aber erfreut sie sich großer Beliebtheit als Ausflugsbahn auf dem Wege zu erholsamen Wanderwegen in einer der schönsten Gegenden des ohnehin grünen Thüringens.

Doppelte Achse Saaletal

Eine Achse ist etwas, um das sich alles dreht. Denken wir an die historische Achse Berlin–Rom, an die aktuelle Bonn–Paris. Im Saaletal bei Naumburg und südlich davon haben wir es mit zwei Achsen zu tun, der Hauptstrecke Berlin–Halle– und Leipzig–Weißenfels–Naumburg–Apolda–Weimar–Erfurt und deren Abzweigung über Jena und Saalfeld, Probstzella nach Bayern, die im Zuge der neuen Einheit Deutschlands erheblich an Gewicht gewinnen wird, orientieren sich doch die Verkehrsströme neu oder besser gesagt alt-neu.
Ob wir nun in Halle unsere Saalereise beginnen oder von Leipzig kommen, so oder so müssen wir zunächst an den rauchenden Schloten von Leuna vorbei. Das kann auch das kursächsische Heilbad Bad Dürrenberg mit Kurpark und Salinen (auf der Leipziger Route) nicht wettmachen.
Vor Großkorbetha vereinigen sich die beiden Stränge. Es geht auf Weißenfels, wo das Saaletal so, wie es besungen wird, beginnt. Hügel, beinahe Berge, rücken näher, die Hänge tragen Wein, bald erscheinen die ersten «Burgen»: das Renaissanceschloß Goseck – Goseck und Erlau sind Weinorte – und auf der anderen Seite die Schönburg der Naumburger Bischöfe.
Die Bahnstrecke verläuft wegen des Hochwassers auf einem Damm mit vielen Durchlässen und überquert die Saale zweimal auf mehr als 100 Jahre alten Brücken.
Naumburg kann schon wegen seines Bahnhofs empfohlen werden. Sowohl Teile des Empfangsgebäudes als auch gegenüber der Wasserturm und der Lokschuppen strahlen das Flair des 19. Jahrhunderts aus. Nach rechts schert die Unstrutbahn aus, zum nahen Freyburg, auch dies ein Mittelpunkt des Weinbaus.
Wir streben der «Thüringischen Pforte» entgegen, der Talenge, an deren Eingang Bad Kösen liegt. Doch zuerst links Schulpforte mit dem alt-berühmten Kloster Pforta und auf der anderen Seite der älteste Weinberg der Region, der schon um 1200 bebaut wurde.

In Bad Kösen geht es am Kurpark unterhalb der Saline und parallel mit der alten Straßenbrücke über eine historische Bogenbrücke, die erste von fünfen auf knapp sechs Kilometer, mit denen der Zug fünfmal die Saale überquert, denn nun wird es eng zwischen den immer steiler werdenden Hängen. Von oben grüßen Burgen. Zuerst fast über Bad Kösen die Rudelsburg, dann nach einem kleinen Seitental Saaleck. Man wähnt sich mitten im Gebirge, doch das ist eine Täuschung. Quer durch ein Plateau hat sich die Saale ein oft nur enges, tiefes Tal gegraben, mit steilen Hängen, und die ihr zustrebenden kleinen Wasserläufe haben sich ihrerseits Seitentäler geschaffen, die den Rand der Hochfläche gliedern. Die so über dem Tal thronenden Burgen wirken von unten wie auf Bergen stehend.
Etwa fünf Kilometer hinter Bad Kösen der Abzweig Saaleck: Der Fluß macht eine scharfe Biegung, die Schienen der «Magi-

Naumburg/Saale Hauptbahnhof. Im Hintergrund rechts Bahnhof und Bahnsteige. Vorne links die für die Dampftraktion errichteten Betriebsgebäude.

strale» allerdings laufen geradeaus in das Tal der Ilm über Großheringen und Apolda (sehenswerter Viadukt über der Stadt!) nach Weimar und Erfurt. Das ist eine der ältesten deutschen Fernbahnen. So alt wie die Idee der Eisenbahn in Deutschland ist der Wunsch, das Gebiet um Halle/Leipzig mit den Zentren des westlichen Deutschlands zu verbinden.
Wir aber wollen im Saaletal bleiben, auf der Saal-Eisenbahn oder einfach Saalbahn, wie sie lange genannt wurde. Vor Großheringen teilen sich die Strecken mit einem kreuzungsfreien «Gleisdreieck». Ursprünglich begann die Saalbahn in Großheringen, wo sich Thüringer Eisenbahn, Saal- und Saale-Unstrut-Bahn trafen. Um für durchgehende Züge Naumburg–Saalfeld das «Kopfmachen» zu umgehen, wurde 1899 die «Verbindungsbahn Ost» für den Direktverkehr Naumburg–Camburg in Betrieb genommen (die Abzweigung von der Saalbahn nach Großheringen heißt entsprechend «Verbindungsbahn West»). Ab 1903 begann man mit dem zweigleisigen Ausbau der Saalbahn. Vorkehrungen dafür wie der Grunderwerb und entsprechende Einrichtung der Brückenbauwerke waren schon bei der Konzessionsvergabe vorgesehen. Ab 1936 arbeitete man an der Elektrifizierung, die im Kriegsjahr 1942 abgeschlossen wurde. Der folgte 1946 die Demontage der Fahrleitung und des zweiten Gleises als Reparationsleistung. In den sechziger Jahren konnte der erneute Ausbau auf zwei Gleise erfolgen, wobei die «Verbindungsbahn» rekonstruiert wurde, und mit der Elektrifizierung der Magistrale zwischen Weißenfels und Neudietendorf erhielt auch die Saalbahn Fahrleitungen bis Camburg, wobei es zunächst blieb, so daß auf dem Wege nach Süden dort die E-Lok durch die Diesellok ersetzt wird.
Es hatte ziemlich lange gedauert, bis man sich zu dem Bau einer Eisenbahn durch das Saaletal nach Süden entschließen konnte. Erst 1874 rollte der Verkehr. Dabei waren die Route logisch und die Verhältnisse günstig. Man kann sie als Flachlandbahn bezeichnen. Das ist ein Vorteil für Bau und Betrieb, der die Errichtung einer Reihe von Stützmauern und die Verlegung des Flusses an bestimmten Stellen mehr als aufwog, zumal hier alles versucht wurde, auf derselben Seite des Flusses zu bleiben, der nur einmal, kurz vor Saalfeld, überbrückt wird. Das verlangte

Zwischen Naumburg und Weißenfels überquert die Bahn die Saale zweimal auf mehr als 100 Jahre alten Brücken, dazwischen wird der Damm wegen Hochwassergefahr von vielen gemauerten Bögen unterbrochen.

viele und recht enge Kurven, und damit auch eine Höchstgeschwindigkeit von nur 90 km/h bis heute.
Befürworter der Saalbahn waren lange Zeit eigentlich nur die Städte im Saaletal, die jahrzehntelang für ihre Idee kämpften. Distanziert waren die Regierungen der thüringischen Staaten, denen andere Verbindungen, wie die Werrabahn, wichtiger erschienen, dagegen war Preußen, das mit seiner Strecke Weißenfels–Zeitz–Gera–Saalfeld der Saalbahn-Gesellschaft harte Konkurrenz machte, bis die Aktionäre dem Verkauf der Saalbahn für einen unter den Baukosten liegenden «Spottpreis» an den preußischen Staat zustimmten, womit dann auch der Weg frei war zum Bau der «Verbindungsbahn», die aus der fast nur für den Lokalverkehr interessanten Saalbahn eine auch für den Durchgangsverkehr wichtige Strecke machte. Bis dahin hatte man im Saaletal «kleine Brötchen backen» müssen. Es wird be-

richtet, daß es für die 75 km lange Strecke 62 Streckenarbeiter gab, von denen aber nur 15 fest eingestellt waren, die übrigen wurden als Tagelöhner nur von Fall zu Fall beschäftigt.
So mit Eisenbahnhistorie unterhalten, haben wir Camberg durchfahren und die drei Dornburger Schlösser (rechts) passiert. Hinter Porstendorf mit einem nach unseren Maßstäben überdimensionierten Bahnhof (die Nebenstrecke Richtung Bürgel wurde stillgelegt) links die Kunitzburg, Haltepunkt Jena-Zwätzen, dann die Einfahrt nach Jena Saalbahnhof.
Irgendwie hat man in Jena Pech mit den Bahnhöfen. Der Saalbahnhof liegt nördlich der Stadt, Jena-Paradies (ursprünglich Haltepunkt Paradies bei Jena) nimmt heute, mitten in der Stadt gelegen, den größten Teil des Berufsverkehrs auf. Die Kreuzung mit der Bahnlinie Weimar–Gera erfolgt auf dem zu Gera gehörenden Bahnhof Göschwitz. Man hat lange Zeit vergeblich versucht, die Kreuzung der beiden Linien in einen zentral gelegenen Jenaer Hauptbahnhof zu legen. Doch wurden die Chancen vertan. Statt dessen hat sich die Stadt Jena nach Süden ausgedehnt, so daß heute die Bezeichnung «Jena Süd» für diesen Bahnhof wohl angemessener wäre.
Schauen Sie nach links auf die Lobdeburg, der bald, oberhalb von Kahla, die Leuchtenburg folgen wird. Dann Orlamünde mit der gleichnamigen Feste und dem Bahn-Abzweig nach Pößneck, hinter Uhlstädt Schloß Weißenburg, dann folgt Rudolstadt (das eine Fahrtunterbrechung wert ist), Rudolstadt-Schwarza mit dem Übergangsgleis zur Schwarzatalbahn nach Bad Blankenburg und Saalfeld. Dabei begleitet uns ein Gleis der Schwarzatalbahn, und kurz vor dem Bahnhof Saalfeld stößt auch die Strecke von Gera dazu. Saalfeld ist einer der wichtigsten Bahnhöfe Thüringens.
Es gibt Gründe genug, hier zu verweilen, um Stadtkern, Mauer und Tortürme anzuschauen, Rathaus und Markt, Burg und Schloß, das Museum im Franziskanerkloster und die Feengrotte. Dazu ist die heutige Industriestadt Saalfeld aber auch Ausgangspunkt für die Fahrt in den südlichen Thüringer Wald. Empfehlenswert ist die Strecke, die nach zwei Schleifen das Saaletal verläßt, durch die Täler von Loquitz und Zopfe, über den Rennsteig (bei Neuhaus) und Lauscha (Kopfbahnhof) in

die Spielzeugstadt Sonneberg. Gut zwei genußvolle Stunden benötigen Sie für die 75 Kilometer. Bis auf 769 m geht es nach Ernsttal am Rennsteig hinauf. Güterzüge nach Neuhaus schaffen es bis 835 m über dem Meeresspiegel. Es gibt eine ganze Reihe interessanter Brückenbauten, harsche Steigungen und bezaubernde Ausblicke. Höhepunkt ist die Überquerung des Rennsteigs, wo mit Kehrschleifen drei Gleise übereinander am Berghang verlaufen. – Unterwegs zweigt in Probstzella die Strecke nach Bamberg und Nürnberg ab.

Sachsen – Dorado der deutschen Eisenbahngeschichte

Es gibt in Sachsen Eisenbahnfreunde, die wollen die paar Kilometer zwischen Nürnberg und Fürth kaum gelten lassen und meinen deshalb, die erste – richtige – Eisenbahn Deutschlands sei in Sachsen, zwischen Leipzig und Dresden, erbaut worden. Das sei ganz natürlich so, sei doch der große Eisenbahnpionier Friedrich List einer der Ihren gewesen. Schließlich wird nachgewiesen, daß bei der Eröffnung der Eisenbahn Leipzig–Dresden am 8. April 1839 der König von Sachsen sowie der Thronfolger anwesend waren, während der König von Bayern ein halbes Jahr hatte verstreichen lassen, ehe er sich dazu herabließ, sich die erste Eisenbahn seines Landes anzusehen.
Tatsächlich fand die Eisenbahn viel Interesse in Sachsen, sie wurde bald nicht nur als Mittel der Wirtschaftsförderung des sowieso schon recht weit entwickelten Landes betrachtet, sondern auch als Instrument der Politik erkannt, hatten doch Handel und Transport über weite Strecken für die Messestadt Leipzig ganz besondere Bedeutung. Und man war sich darüber klar, daß dem Königreich Sachsen wegen seiner Lage in der Mitte Deutschlands eine Schlüsselstellung bei dem Bau internationaler Eisenbahnverbindungen zufiel. Größten Wert legte man darauf, beim Bau einer Nord- und Süddeutschland, also Preußen und Bayern verbindenden Bahn nicht umgangen zu werden.
Schon 1833, also vor der Eröffnung der Eisenbahn Nürnberg–Fürth, hatte die Schrift Friedrich Lists «Über ein sächsisches Eisenbahn-System als Grundlage eines allgemeinen deutschen Eisenbahn-Systems und insbesondere über die Anlage einer Eisenbahn von Leipzig nach Dresden» die Zeitgenossen aufgerüttelt. Im November desselben Jahres erschien ein «Aufruf an unsere Mitbürger in Sachsen», der «die Handschrift Lists erkennen läßt». Dieser «gratis ausgeteilte» Aufruf ist eine so vorzügliche Situationsbeschreibung und damit ein so wesentliches Stück deutscher Eisenbahngeschichte, daß er hier in seinen wesentlichen Teilen abgedruckt werden soll:

Die große Angelegenheit von Leipzig und Sachsen, ja von ganz Deutschland, die Sache der Eisenbahnen, hat bei unserer ebenso aufgeklärten wie wohlwollenden Regierung die gewünschte Aufmerksamkeit und Unterstützung gefunden. In Folge unserer unterthänigsten Eingabe sind bereits technische Vorarbeiten vorgenommen worden, und wir hoffen demnächst die über Erwarten günstigen Resultate derselben dem Publikum vorlegen zu dürfen. [. . .]
Im ächten Geist einer einer constitutionellen Regierung, eines aufgeklärten und gewerbefleißigen Volks wird dieses Unternehmen der Wirksamkeit und dem Eifer der Privaten überlassen. Ihrer Seits aber, dazu haben wir die beste Hoffnung, wird die Staatsregierung da fördernd und helfend die Hand reichen, wo es gilt, Hemmnisse zu entfernen und das Unternehmen zu schützen.
[. . .]
Unser Vaterland, das gewerbereiche und thätige Sachsen, ein Land, das durch seine natürlichen Reichthümer, wie durch die Tüchtigkeit seiner Bewohner und durch seine Vorschritte in Wissenschaft und Kunst und in allen Nahrungszweigen, berufen ist, mit den ersten Ländern der Erde zu wetteifern, hat sich uns durch seine Repräsentanten zur Seite gestellt. Ganz Deutschland hat mit Beifall diese Stimme von einem Punkt aus vernommen, welcher für die gesammte deutsche Industrie in allen Beziehungen einer der wichtigsten ist, und von wo es billig in dieser National-Angelegenheit ein großes Beispiel erwartet. Jetzt, wo die Regierung uns in jeder Hinsicht willfährig entgegenkommt, fordern unsere Ehre wie unser Interesse, daß wir mit Eifer und Ernst, aber auch mit Besonnenheit und Überlegung auf der begonnen Bahn vorwärtsschreiten.
Noch, Mitbürger! ist die Rede nicht von Subscriptionen, oder von Geldopfern, oder von Ausführung bereits gefaßter Pläne. Die Angelegenheit ist nicht in den Händen von Speculanten, denen nur darum zu thun ist, ihren Vortheil von der Unternehmung zu ziehen, gleichviel sey es auf Kosten, oder zum Vortheil derjenigen, die sie überredet haben, Geld zu ihrer Disposition zu stellen. In der That steht hier in diesem Augenblicke

Niemand an der Spitze. Diejenigen, die sich bisher der Sache am meisten angenommen, haben sich in der Ueberzeugung zurückgezogen, daß, soll das Unternehmen gedeihlichen Fortgang gewinnen, die Leitung desselben in die Hände von Männern kommen muß, die durch die freie Wahl der gesammten Einwohnerschaft unserer Stadt zu diesem Zwecke besonders auserkohren sind.
[. . .] Ein Committee soll nicht blos die Route von Leipzig nach Dresden nach allen Beziehungen untersuchen, sondern auch den anderen Routen, welche bereits zur Sprache gekommen sind, oder noch in Anregung kommen dürften, ihre Aufmerksamkeit widmen. Sie soll das Gutachten von Sachverständigen über jeden hier besonders in Frage kommenden Umstand einziehen, mit dem Ausland über die Art und Weise der dort zur Ausführung gekommenen Unternehmungen, und über die neuesten Erfahrungen und Erfindungen in Correspondenz treten, die Ansichten und Vorschläge, die ihr von einzelnen Bürgern zugestellt werden dürften, reiflicher Ueberlegung und Prüfung würdigen, die erforderlichen Berechnungen entwerfen, und dann an das Publikum einen, auf solide Grundlagen gestützten Bericht erstatten.
[. . .]
Mitbürger! Diejenigen, die diese Worte an euch zu richten sich die Freiheit nehmen, sind weder Enthusiasten noch Ideologen; sie sind Geschäftsmänner, und sie wissen wohl, daß, wie sehr man sich die Ehre seines Vaterlandes und die öffentliche Wohlfahrt zu Herzen nehme, bei Privatunternehmungen noch andere Rücksichten und andere Pflichten in Betracht kommen. Wir selbst sind gesonnen, einen Stein zu diesem Gebäude zu tragen, und wir betrachten daher die Sache aus dem Gesichtspunkte, aus welchem sie von wohlmeinenden Capitalisten betrachtet werden muß. Nach unserer Ansicht kann sie nur dann Gegenstand der Privatunternehmung werden, wenn sie neben dem öffentlichen Wohl auch das Wohl der Unternehmer zu befördern verspricht. Sie werden also auf jeden Fall die landesüblichen Zinsen tragen und dann noch Aussicht auf eine ansehnliche Prämie gewähren müssen. Im entgegengesetzten Falle möchte die Anlegung von Eisenbahnen

wohl eine verdienstliche, eine empfehlenswerthe, eine das öffentliche Wohl sehr fördernde Sache seyn, aber ihrer Natur nach, gleich den Chausseen, sich nur für die Regie der Regierung eignen.
Soll Deutschland, dieses Land der Aufklärung und Cultur, des Fleißes und der Beharrlichkeit, dessen Seestädte einst den Welthandel geführt, und dessen Binnenstädte vor allen anderen europäischen Gemeinwesen durch Gewerbefleiß, neue Erfindungen, Kunst und Reichthum sich hervorgethan, ewig den Fremden die Schleppe tragen? Sollen die Fürsten den Städten vergebens ein großes Beispiel der Vereinigung gegeben, sollen sie uns umsonst einen Markt von zweiundzwanzig Millionen Menschen aufgeschlossen haben? Sollen wir nur die Lasten dieser Vereinigung tragen, und nicht auch nach ihren Vortheilen greifen? Wo aber soll der deutsche Unternehmungsgeist wiedergeboren werden, wenn nicht hier, wo die Menschen und die Waaren von allen Ecken Deutschlands dreimal im Jahr zusammenströmen?

Neueste Fortschritte der Eisenbahn-Unternehmungen im Ausland

In England gedeihen die bereits vollendeten Unternehmungen immer mehr. Im letztverflossenen halben Jahr hat die Liverpool-und-Manchester-Bahn eine Dividende von 4½ Pct. erklärt, also ½ Pct. mehr als im vorhergehenden Semester. [. . .] Die Actien der Stockton-und-Darlington-Bahn, die ursprünglich blos auf den Steinkohlentransport berechnet war, sind im verflossenen Jahr von 210 auf 220 gestiegen; sie kosteten 100. In der Nähe von Edinburg ist eine kleine, nur etliche Meilen lange Bahn errichtet worden, blos in der Absicht, Steinkohlen darauf zu transportiren. Nach Verlauf des ersten Jahres aber zeigte sich, daß 150 000 Personen sich ihrer bedient, und à Person 4½ Gr. Fahrgeld, 28 000 Thaler, also viel mehr eingebracht hatten als die Steinkohlen. [. . .] Die Actien der neuen großen Routen von London nach Birmingham, nach Bristol, nach Southampton u. s. w. sind bereits genommen. [. . .]

In Belgien hat die Regierung 35 Millionen Franken ausgesetzt, um ein ganzes, in Brüssel sich concentrirendes Eisenbahnsystem herzustellen. Die preußische Regierung hat hinsichtlich der Expropriation die nöthigen Gesetze gegeben, damit die Route von Antwerpen bis nach Cöln fortgeführt werden kann. [. . .]
Holland hat sich dadurch veranlaßt gesehen, eine Eisenbahn von Amsterdam nach Cöln, längs dem Ufer des Rheines, abmessen zu lassen, welche Arbeit im verflossenen Spätjahr zu Stande gebracht worden ist.
In Frankreich hat die St.-Etienne-und-Lyoner-Bahn-Gesellschaft im letzten Jahr 1 100 000 Franken eingenommen. Der Aufwand war zwischen 9 und 10 Millionen Franken. Die Bahn von St. Etienne nach Andrezieur ist um 10 Wegstunden verlängert worden.
[. . .]
Nordamerika ist [. . .] im Laufe der verflossenen 8 Jahre das erste Land der Eisenbahnen geworden, wie es früher schon das erste Land der Dampfschiffahrt gewesen ist. Im Jahre 1825 ward die erste Bahn von Quincey nach Boston vollendet. Sie ist nur eine deutsche Wegstunde lang, von, mit eisernen Schienen belegten, Hausteinen erbaut, und nur auf den Transport von Bausteinen berechnet. Die zweite Bahn, die von Mauch Chunk, kam im Jahre 1827 zu Stande; sie ist 9 Meilen lang, von Holz, mit eisernen Schienen beschlagen, und blos für den Steinkohletransport berechnet. Die dritte, vierte, fünfte und sechste wurden ebenfalls von Kohle-Compagnien und zu gleicher Zeit angelegt; alle Bahnen dieser Art stehen im Flor.
Nun folgten die ersten größeren Unternehmungen. Wir müßten einen Bogen füllen, wenn wir nur ihre Namen, ihre Länge und Bauart anführen wollten. Die zwischen Neuyork und Philadelphia ist im verflossenen Jahr fertig geworden; sie ist blos auf Passagiere und den Transport leichter Güter berechnet, und machte schon bei ihrer Eröffnung so viel Glück, daß bereits eine zweite Route über Trenton im Werke ist. Die Eisenbahn von Neucastle an der Delaware-Bai nach Frenchtown an der Chesapeak-Bai, die ebenfalls nur Reisende trans-

portirt, hat im ersten Jahre eine Dividende von 10 Pct. gemacht. [. . .]
Die bereits fertigen, oder im Werke befindlichen Eisenbahnen, mit Inbegriff derer, die im Lauf der nächsten zwei oder drei Jahre mit Gewißheit werden begonnen werden, betragen im ganzen über 6000 Meilen.

Neueste Fortschritte der Eisenbahn-Unternehmungen in Deutschland.

Der projectirten Bahnen von Cöln nach Antwerpen und nach Amsterdam ist oben Erwähnung geschehen. In den preußischen Rheinlanden bestehen außerdem einige bereits im Gange befindliche kleine Bahnen, nämlich die Harkort-Schlebuscher und die Prinz Wilhelmsbahn. Beide sind für den Steinkohlentransport berechnet, und rentiren vortrefflich, ungeachtet das Terrain sehr ungünstig ist. Erstere geht quer über ein 60 Fuß tiefes Thal, vermittelst einer 400 Fuß langen Brücke, und hat überdieß noch 30 Fuß hohe Dämme. Die Bahn ist von Holz, mit eisernen Schienen belegt, und ruht auf einem mit Steinen beschlagenen Erddamme. Eine 20 000 Fuß lange Bahn von Nürnberg nach Fürth soll dieses Frühjahr begonnen werden. [. . .]
Die erste und wichtigste Bahn Deutschlands ist die zwischen der Moldau und Donau, von Budweis nach Linz. Nach einem so eben erschienenen Bericht der Direction hat diese 17 deutsche Meilen lange Bahn in den verflossenen Monaten fünf

Procent rein getragen, und die Gesellschaft hat beschlossen, dieselbe nun um mehrere Meilen zu verlängern. [. . .] Der ganze Transport zwischen Budweis und Linz betrug p.p. 300 000 Centner, mit Einschluß des Salzes und 27 000 Klafter Holz; einer Einnahme von Reisenden geschieht gar keiner Erwähnung, sie muß also jeden Falls so unbedeutend gewesen seyn, daß sie der Erwähnung nicht werth ist. Vergleichen wir damit die Route von Leipzig nach Dresden, so ergibt sich ein zwei- und dreimal günstigeres Resultat. Die gegenwärtigen Frachten zwischen diesen beiden Städten betragen nahe an 400 000 Centner; der Transport von Steinkohlen und Sandsteinen dürfte nach einer oberflächlichen Berechnung mindestens eben so viel einbringen als die Waaren; das Einkommen von Passagieren aber darf so hoch und noch höher angeschlagen werden, als alle übrigen Transporte zusammen genommen.

Noch verdient eine kleine, 900 Fuß lange, Bahn bei der alten Mordgrube in unserem Erzgebirge Erwähnung. Ungeachtet der sehr kostspieligen Anlage trug sie seit ihrer Erbauung 14 Pct. ein.

Ueber den Einwurf, daß Eisenbahnen zu viel kosten.

Man nimmt dabei gewöhnlich den Maßstab von England an: dies aber ist falsch:

1) Weil die Tagelöhne in England zwei bis dreimal höher sind, als in Sachsen.

2) Weil in England das Terrain durchaus sehr coupirt ist, und die Herstellung des Weges, nämlich die Abgrabung der Höhen, Durchstechung der Hügel, Aufführung von Dämmen, die Hauptausgaben verursacht. In unserer Gegend sind gerade diese Ausgaben ganz unbedeutend.

3) Weil die Engländer den Oberbau ganz massiv herstellen, indem bei ihnen das Eisen wohlfeil, das Holz aber selten und theuer ist.

4) Weil die Engländer, da sie auf einen verhältnismäßig großen Transport rechnen, und Überfluß an Capital besitzen, nicht zu sparen brauchen, um eine gute Dividende zu erzielen.

Ueber die Amerikanische Bauart.

Hätten die Amerikaner den Engländern nachgeahmt, so besäßen sie vielleicht noch nicht eine einzige große Eisenbahn. Hätten sie aber wirklich solche unternommen, so würde sie schwerlich die gewöhnlichen Procente eintragen, und man wäre ohne Zweifel bei dieser einzigen stehen geblieben.
Die Amerikaner sind aber kein Volk, das in unwesentliche Dinge seinen Stolz setzt. Sie sehen auf die Hauptsache, nämlich auf die Beförderung der Transporte, und des Verkehrs, und auf die Vermehrung ihres Einkommens. Ob sie diesen Zweck mit Holz, mit Steinen, oder mit Eisen erreichen, ist ihnen gleichviel.
Eine Holzbahn mit eisernen Schienen kostet nur etwa den dritten Teil so viel als eine massive, und legt man im Anfang nur ein Paar Geleise mit Ausweichplätzen, so kostet sie etwa nur den fünften Teil so viel. Man braucht also nur den fünften Teil des Transportes, um eine eben so große Dividende zu machen. als die solideste Bahn. Handel und Verkehr wird durch ihren Einfluß eben so gut befördert und großgezogen, als durch die kostspieligste Bahn. Da das Vertrauen der Capitalisten in diese Unternehmungen ganz in demselben Verhältnis wächst, in welchem ihre Actien rentiren, so bieten sich mit dem wachsenden Verkehr und Einkommen Capitale genug an, um das Werk auszudehnen, zu verbessern und zu vervollkommnen.
Es ist falsch, wenn man glaubt, daß die hölzernen Bahnen nicht eben so gute Dienste leisten, als die eisernen. Die Amerikaner befahren sie eben so gut mit Dampfmaschinen als die massiven.
Es ist falsch, wenn man glaubt, daß die hölzernen Bahnen kostspielig seyen, weil das Holz verderbe. Das Holz leistet zehn bis zwölf Jahre Dienste, und die Kosten der Reparatur, auf die einzelnen Jahre vertheilt, betragen drei bis viermal weniger, als die Zinsen der Mehrkosten einer massiven Bahn.
Hölzerne Bahnen sind im Gegenteil anfangs vorzüglicher, als Eisen- und Steinbahnen. Denn zwei bis drei Jahre lang senken sich die Dämme, und es verursacht an Stellen, wo sie sich ge-

senkt haben, viel weniger Mühe, Zeit und Aufwand, den hölzernen Bahnen nachzuhelfen, als den massiven.
Hölzerne Bahnen sind viel schneller hergestellt, als steinerne und können viel früher in Gang gesetzt werden; es kommen also viel weniger Zinsen auf die Anlagekosten.
Während eine englische Meile zwischen Liverpool und Manchester 200 000 Thaler gekostet hat, baut man in den vereinigten Staaten, bei viermal höherem Arbeitslohn als bei uns, im Durchschnitt die Meile für 15 bis 20 000 Thaler, und diese wohlfeilen Bahnen tragen nicht selten höhere Dividenden als jene theuern, ungeachtet der Verkehr fünf bis zehnmal geringer ist.
Es giebt sogar viele Bahnen, die nur 3000 bis 4000 Thlr. die englische Meile kosten. Wenn nämlich ein Steinkohlenland-Besitzer findet, daß er durch eine solche wohlfeile Bahn von seiner Grube nach dem benachbarten Canal gewinnen würde, nimmt er leichtes Holz, beschlägt es mit leichten eisernen Schienen, baut kleine Wagen, und besorgt den Transport mit Eseln. Eine solche kleine Bahn ist dem Kohlenland-Besitzer eben so vorteilhaft, als der größten Compagnie ihre massive, während eine kostspielige Bahn ihm fast nicht rentiren, ja ihn vielleicht gar ruiniren würde.
[. . .]

**Vortheile, welche Leipzig und Dresden,
ganz Sachsen und Deutschland
durch ein solches Unternehmen erlangen werden.**

Wenn man in wenigen Stunden, ohne alle Beschwerde, und mit unbedeutenden Kosten, von einer Stadt zu einer andern gelangen kann, werden beide gleichsam in ein Gemeinwesen verschmelzen; Leipzig wird die Vorstadt von Dresden, Dresden die Vorstadt von Leipzig werden. Die Bewohner beider Städte werden alle Vortheile einer großen Stadt erwerben, ohne ihre Nachtheile in den Kauf zu erhalten. Wissenschaft und Kunst, Handel und Gewerbe, das gesellschaftliche und Familien-Leben, jedes Verhältniß, jede Thätigkeit und Kraft wird durch diese Verbindung gewinnen und der wohlthätige

Einfluß dieser Wechselwirkung wird mit jedem Tage sichtbarer werden. Die verschiedenen Nahrungsstände von Leipzig und Dresden werden persönlich zusammen treten können, um über gemeinsame Interessen zu berathen. Eben so die Gelehrten und Künstler. Es wird leicht seyn, an beiden Orten zugleich Geschäfte zu betreiben. Der in Leipzig residirende buchhändlerische Unternehmungsgeist wird das in Dresden residirende Kunsttalent für seine Zwecke in Thätigkeit setzen können. Jedes ausgezeichnete Conzert oder Schauspiel wird von den Bewohnern beider Städte besucht werden. Das Personal des Schauspiels, des Orchesters und alle anderen Künstler werden gleichsam in beiden Städten zu Hause seyn. Bis auf den gemeinen Arbeiter, wird sich diese Wohlthat der leichteren und schnelleren Bewegung erstrecken.

Leipzig wird sich wohlfeile Steinkohlen verschaffen und damit das unentbehrlichste Mittel zur Erzeugung bewegender Kraft, das wichtigste Material für die meisten Gewerbe und eines der unentbehrlichen Bedürfnisse jeder Familie. Es wird alsdann nur von uns abhängen, ob wir zugleich eine bedeutende Fabrikstadt werden wollen.

Leipzig wird durch wohlfeile Hausteine und sonstige Bau-Materialien in den Stand gesetzt werden, öffentliche Verschönerungen vorzunehmen, wohlfeilere und schönere Privatgebäude anzulegen und nützliche Anlagen zu machen.

Die Zufuhr von Lebensmitteln wird größer seyn, die große Masse unserer Mitbürger wird besser wohnen, besser und wohlfeiler leben; es wird mehr zu arbeiten und mehr zu verdienen geben.

[. . .]

Ganz Sachsen wird Theil nehmen an dem Aufschwung der Industrie. Es wird die Riesen wecken, die jetzt in seinen Bergen schlafen, und sie zu seinem Dienst verwenden. Durch seine mineralischen Schätze, wie durch seinen Gewerbefleiß berufen, in dieser großen Nationalangelegenheit das Panier zu tragen, wird es seine Bestimmung erfüllen, wenn Jeder nur nach Kräften thut, was sein eigenes, wohlverstandenes Interesse fordert.

[. . .]

Ueber die Furcht, daß durch die Anlegung von Eisenbahnen einzelnen Gewerben und Personen in ihrer Nahrung Eintrag geschehe.

[. . .]
Mit den meisten Besorgnissen dieser Art, ist es bestimmt nichts, sondern das schnurgerade Gegentheil, von dem was man fürchtet, tritt ein; die durch den erleichterten Transport sehr vermehrte Industrie verursacht größere Nachfrage nach Arbeit, nach Kunst- und Ackerbau-Produkten aller Art, und Jedermann gewinnt, wie Jedermann durch die verbesserte Landstraße, durch die Anwendung der Wasserkraft zu Gewerbezwecken, durch die Erfindung des Rades, des Pfluges u. s. w. gewonnen hat. Wenn die schlechten Hohlwege des vorigen Jahrhunderts viele Wagen zerbrachen, und viele Geschirre zerrissen, so mußten die Wagner und Sattler, wofern ihr Verstand nicht weit reichte, allerdings fürchten, bessere Landstraßen würden ihnen ihre Arbeit rauben; was aber ist geschehen? Die Wagner und Sattler haben zu dieser Stunde weit mehr Arbeit als je.
Diese Furcht kommt nur davon her, daß beschränkte Menschen nicht begreifen können, wie es möglich sey, daß man wohlhabend und reich werden könne, ohne das Geld aus ihrer Tasche zu nehmen. Die Eisenbahnen von Pennsylvanien haben im Laufe des verflossenen Jahres für 5 Millionen Thaler Steinkohle an's Licht und auf den Markt gebracht; 10 Jahre zuvor hatte man aber in jener Gegend von Eisenbahnen und Steinkohlen noch kein Wort gehört. Woher sind nun diese Werthe gekommen? Haben sie Jemand ärmer gemacht? Mit nichten! Diese Werthe sind Niemandem abgenommen worden, als der Erde, in welcher sie bisher geschlummert haben; sie haben aber 50 000 Menschen Nahrung verschafft, die ohne diese Eisenbahnen in jenem Lande kein Unterkommen gefunden hätten, sondern genöthigt gewesen wären, zu den Wölfen und Panthern am Mississippi zu ziehen. Nebenher haben Wagner, Sattler, Gastgeber und alle anderen Handwerker weit mehr Arbeit bekommen als zuvor. So war es dort, und so wird es hier seyn.

Ueber die Furcht, das Chaussee-Dampfwagen die Eisenbahn entbehrlich machen.

Es ist angenommen und von Niemandem bestritten, daß der Dampfwagen auf Chausseen, wegen der Unebenheit der Oberfläche der Straße höchstens den 12ten Theil so viel Gewicht fort bewegt, als ein Dampfwagen von gleicher Pferdekraft auf der Eisenbahn. Der Chaussee-Dampfwagen wird sich also nie für den Transport von schweren Lasten und Waaren eignen und damit hört er auf staatswirthschaftliche Wichtigkeit zu haben.
Aber auch in Ansehung des Menschentransport wird er den Eisenbahn-Dampfwagen nie ersetzen. Zwei Meilen in der Stunde sind das Aeußerste, was er machen kann. Schon bei dieser Schnelligkeit ist er häufigem Zusammenbrechen ausgesetzt, und bricht er, so steht der Reisende hülflos und verlassen da, und muß entweder den Wanderstab ergreifen, oder warten, bis eine andere Maschine, vielleicht aus weiter Ferne, herbeigebracht worden ist. Wie gewöhnlich er aber bricht, kann man daraus annehmen, daß für jeden activen Wagen ein Reserve-Wagen gehalten werden muß. Außer dem Ungemach und Unglück, das er durch eigenes Zerbrechen, Umstürzen u. s. w. verursacht, richtet er noch vieles andere an, indem er die Pferde auf den Chausseen scheu macht, andere Wagen niederrennt und Menschen und Thiere über den Haufen fährt. Die Natur der Dinge, welche keine neue Erfindung ändern kann, hat diese Maschine zum Taugenichts gestempelt, und diejenigen, welche auf ihre Vervollkommnung warten, handeln ungefähr eben so klug als jene, welche durch die Versuche, sie zu vervollkommnen, Zeit und Vermögen verschwenden.
[. . .]

Ueber die neuesten Erfindungen und Verbesserungen der Eisenbahn, des Dampfwagens und des Transportwagens.

Der Amerikaner Wright hat in der neuesten Zeit die Achsen am Wagen so vervollkommnet, daß man die kürzesten Krüm-

mungen ohne bedeutenden Kraftverlust und ohne Nachtheil für die Bahn befahren kann.
Herr Young von Baltimore hat durch eine neue Vorrichtung möglich gemacht, daß man, ohne Nachtheile für Waaren und Personen, die Dampfmaschine mit dürrem Holz in Gang setzen kann.
Die Dampfmaschine von Dampfwagen ist dadurch ganz gefahrlos gemacht worden, daß man den Dampf nicht in einem Kessel, sondern in einer Menge von Röhren erzeugt. Diese Röhren sprangen anfänglich öfters, ohne jedoch den geringsten Schaden anzurichten; seit einem Jahr aber macht man sie von Messing, und seitdem ist auch jenem Nachtheil vorgebeugt. Es giebt auf den englischen Bahnen Maschinen, die 30 000 Meilen zurückgelegt haben, ohne einer Reparatur zu bedürfen.
Um allen möglichen Unfällen vorzubeugen, den Druck der Maschinen auf die Bahn zu vermindern, und ihre Kraft zu vermehren, stellt man nunmehr die Dampfmaschinen auf 6 oder 8 Räder. Herr Stephenson von Liverpool berichtet, daß jetzt eine Maschine 8 mal mehr ziehe als die Rocket, daß sie jetzt bei Weitem nicht so schwer sei und ohne Gefahr sich viel schneller bewege. Er macht sich anheischig, ohne die geringste Gefahr, 40 englische Meilen in einer Stunde zurückzulegen, bei welcher Schnelligkeit von Leipzig nach Dresden 1½ Stunden erfordert würden.
[. . .]
In Nordamerika hat man mit Steinbahnen auf verschiedenartige Weise Versuche angestellt; man ist aber darüber noch zu keinem bestimmten Resultat gekommen. Die vorsichtigsten Unternehmer bauen dort einstweilen von Holz, bis die Erfahrung entschieden hat. Doch ist voraus zu sehen, daß aus jenen Versuchen wichtige Resultate für solche Länder hervorgehen werden, die wie Deutschland keinen Ueberfluß an Eisen und Capital, dagegen aber gute Steine und wohlfeilen Tagelohn haben.

Nach «Von Gedanken zur Wirklichkeit – Dokumente zur ersten deutschen Ferneisenbahn 1833–1839», transpress VEB für Verlagswesen, Berlin, 1989

Mit dem Bau der Eisenbahn von Leipzig nach Dresden wurde 1836 begonnen, am 14. Oktober 1838 begann der öffentliche Güter- und Personenverkehr auf den Teilstrecken Leipzig–Dahlen und Dresden–Oberau, und das Werk war am 7. April 1839 mit der feierlichen Eröffnung der «Fernbahn» vollendet. Die Entfernung von Leipzig nach Dresden war von 16 auf 3¼ Stunden geschrumpft.
Die enthusiastische Einschätzung der amerikanischen Leichtbauweise durch List (schon bald nach dem Beginn der Arbeiten wurde die Marschrichtung verändert) stellte sich als ebenso problematisch heraus wie seine Prophezeiung, daß durch den Bau der Eisenbahn wie durch die Industrialisierung niemand

Die Festung Königstein im Elbsandsteingebirge.

«seine Nahrung» verlieren werde. Erwähnenswert ist auch seine Einteilung in die Eisenbahn, wie er die eiserne Bahn nennt, den Dampfwagen und den Transportwagen, die bald darauf durch den Sammelbegriff Eisenbahn bezeichnet wurden, aber erst, nachdem zweifelsfrei klargestellt war, daß es einen der Allgemeinheit zur Verfügung stehenden Schienenstrang wie eine Chaussee nicht geben würde.

Wer heute auf der Strecke der ersten deutschen Fernbahn reist, wird von den alten Bauten nicht mehr viel sehen. Die Brücken über die Elbe, die Mulde und die Döllnitz waren Holzkonstruktionen. Der Viadukt über das Döllnitztal wurde schon 1847 durch einen Damm ersetzt, die beiden Brücken über die Elbe und die Mulde 1875 durch Eisenkonstruktionen. Im Original vorhanden ist noch der 3 km lange und 11,5 m tiefe Einschnitt bei Machern. Der 515 m lange Oberauer Tunnel wurde aufgeschlitzt und abgetragen. Ganz in dessen Nähe ist noch das liebevoll restaurierte Empfangsgebäude in Niederau zu sehen.

Hundertfünfzigjähriger Bahnhof Niederau an der ersten längeren deutschen Eisenbahnstrecke Leipzig – Dresden. Heute unter Denkmalschutz.

Es gibt in Sachsen eine Fülle von sehenswerten Eisenbahnobjekten, die hier nicht alle mit einem eigenen Kapitel vorgestellt werden können. In Dresden selbst ist die Standseilbahn in Dresden-Loschwitz zu nennen. Sie erreichen sie von der Stadt-

Die Dresdner Standseilbahn vom Körnerplatz zum Stadtteil «Weißer Hirsch».

mitte aus über die Loschwitzer Brücke (auch blaues Wunder genannt) und finden die Talstation am Körnerplatz. Die Bahn führt im 10-Minuten-Rhythmus über 544 m Länge zum Stadtteil «Weißer Hirsch». Die Steigung beträgt 95 m. Es ist ein beliebtes Fotomotiv, wie die beiden gelben Wagen sich über der Straße kreuzen. Gleich nebenan die technisch ausgefallenere Schwebeseilbahn, die seit vielen Jahren repariert wird.
Seit 1894 gibt es den Rangierbahnhof Dresden-Friedrichstadt, der älteste Gefällebahnhof Deutschlands, heute der leistungsfähigste Rangierbahnhof auf dem Gebiet der früheren DDR mit der Hauptaufgabe der Zusammenstellung von den Zügen für den grenzüberschreitenden Verkehr in Richtung Tschechoslowakei. Auf der linken Seite der Elbe fährt für den Personenverkehr nur noch die S-Bahn. Es wurde also Platz geschaffen für 36 Gleise in der Richtungsgruppe. 3850 Waggons pro Tag ist die durchschnittliche Leistung des Ablaufbergs.
Für absehbare Zukunft wird auch ein Traditionsbetrieb auf der Windbergbahn avisiert, zunächst zwischen Dresden Hauptbahnhof und Gittersee, wo die Mitglieder der Arbeitsgemeinschaft Windbergbahn die «Verkehrsstelle» restauriert haben. Hier gibt es bisher noch Güterverkehr mit Dieselbetrieb, doch ist auch der mit der Stillegung des letzten Kohlenschachts vom Aus bedroht. Die AG hat die Lokomotive «Hedwig» (liebevoll Heddel genannt) aufgearbeitet, eine Regelspur-Dampflok mit Meyer-Triebwerk, die zu den Museumsfahrzeugen des Verkehrsmuseums Dresden gehört; eine Erweiterung der Strecke um den abgebauten Teil bis Cunnersdorf ist ins Auge gefaßt, zunächst aber sucht man nach Sponsoren.
Ich empfehle Ihnen das Fahren mit der S-Bahn im Dresdner «Wärmekessel» zwischen Meißen (der Kultur wegen), Niederau (alter Bahnhof), Weinböhla (des Weines wegen), Radebeul (Karl May), Tharandt (Freital-Hainsberg umsteigen nach Kurort Kipsdorf), Radeberg (des Biers wegen) und Pirna. Da sind Sie schon auf halbem Wege nach Bad Schandau, ins Elbsandsteingebirge oder die Sächsische Schweiz.
Mit dem Bau der Eisenbahnstrecke von Dresden nach Prag und weiter nach Brünn und Wien wurde schon 1848 begonnen. Die 49 Kilometer bis zur Grenze verlaufen im Elbtal – bis Pirna

Elbbrücke bei Bad Schandau «in Rekonstruktion». Hier überquert die Nebenbahn nach Sebnitz den Strom.

durch eine Industrielandschaft mit Abstand zum Strom, von da an im enger gewordenen Tal, kurvenreich, zwischen bewaldeten Hängen und Felspartien. Dabei sollten Sie sich nach Möglichkeit nicht darauf beschränken, im Tal zu fahren, sondern auch die Landschaft von oben genießen, von den herrlich gelegenen Aussichtspunkten, vom Königstein und der Bastei (vor dem Bahnhof Kurort Rathen), von wo die ununterbrochen durch das Tal rollenden internationalen Züge wie liebenswürdige Spielzeugeisenbahnen aussehen. Bad Schandau ist Ausgangspunkt für erlebnisreiche Wanderungen (oder eine Fahrt mit der Kirnitzschtalbahn zum Lichtenhainer Wasserfall). Sie erreichen es über den gleichnamigen Bahnhof oder vom Bahnhof Krippen mit Elbfähre. Hinter Krippen wird das gegenüberliegende Ufer von den Schrammsteinen beherrscht, bis bei Schmilka die Landesgrenze in die Flußmitte rückt und bei Schöna auch das linke Ufer erreicht.

Lassen Sie mich zum Ende dieser kurzen Rundreise durch Sachsens Eisenbahnwelt noch eine Bahn vorstellen, die 1990

Preußische T 9 (Baureihe 91) als Denkmalslok in Dresden. Von dieser Tenderlok wurden mehr als 2000 Stück gebaut.

ihren 100. Geburtstag feierte und die zweimal eröffnet wurde. Einmal mit Schmalspur, einmal mit Regelspur. Gemeint ist die Müglitztalbahn von Heidenau im Elbtal bis nach Altenberg auf der Höhe des Erzgebirges. Sie heißt auch «Sportbahn», weil sie die Dresdner in ein beliebtes Skigebiet bringt. Im Sommer lädt sie die Wanderer zur Rundfahrt ein. Es sind nur 10 km Wald zwischen ihrem Endpunkt Altenberg und dem Kurort Kipsdorf, Ende der Schmalspurbahn aus Freital-Hainsberg (vgl. Seite 75). Mindestens ebenso wichtig ist sie aber für die vielen Betriebe im Tal und den Abbau von Zinnerz im Gebirge. Vierzehn industrielle Gleisanschlüsse zählte man im Jahr 1895. Der zunehmende Verkehr erzwang Überlegungen, zumindest im unteren Teil der Strecke die Durchlaßkapazität erheblich zu erweitern, durch eine zweigleisige Schmalspurstrecke (wobei je ein Gleis dem Güter- und Personenverkehr gehören sollte, damit die beiden sich nicht gegenseitig behinderten), oder der Umbau auf Regelspur. Die Entscheidung fiel für die Regelspur, schon um das Umladen beim Übergang auf die Regelspur zu vermeiden. Hier genügte aber nicht das einfache «Umnageln», vielmehr wurde eine weitgehend neue Trasse, mit entschärften Kurven und hochwasserfrei, mit fünf Tunneln und mehr als 75 Brücken, geschaffen. Die konnte im Dezember 1938 eingeweiht werden. Speziell für die kurvenreiche Müglitztalbahn wurden die Tenderlokomotiven der Baureihe 84 entwickelt, 1'E1'h3, 1940 PS, die sich aber als sehr aufwendig bei der Unterhaltung erwiesen und in den sechziger Jahren ausgemustert wurden. Sie hatten Schwartzkopff-Eckhardt-Lenkdrehgestelle, womit die 1., 2., 4. und 5. Kuppelachse verschoben wurden; die dritte lief ohne Spurkranz. Auch Personenwagen wurden speziell für die Müglitztalbahn entwickelt, der Typ «Heidenau-Altenberg», oder kurz Altenberger Wagen genannt, der unter der Woche im Dresdner Vorortverkehr lief und sonntags im Wintersportzug: viele Türen für schnelles Ein- und Aussteigen, Platz für Wintersportgeräte, Leichtbauweise wegen der starken Steigungen. Inzwischen ist die Geschichte auch darüber hinweggegangen. Brave Dieselloks und ebenso normale Personenwagen sind zu sehen, doch die Fahrt aus dem Elbtal auf die Höhen des Erzgebirges ist unverändert ein Erlebnis.

Eine amüsante Story erzählt Reiner Preuß über die Müglitztalbahn. 1890, also zur Schmalspurzeit, wollten einige Industriebetriebe vom Müglitztal einen Bahnabzweig zur Elbe mit einer Schiffsverladeanlage bauen und beantragten bei der Königlich Sächsischen Staatseisenbahn, den Verkehr darauf zu übernehmen. Die aber war an nichts weniger als an der Förderung des Schiffsverkehrs auf der Elbe auf Kosten ihrer Elbtalbahn interessiert und lehnte brüsk ab, trotz der Drohung der Industriellen, sonst selbst mit Pferden den Betrieb aufzunehmen – denn auch eine Pferdebahn bedürfe der staatlichen Genehmigung, und da war die vereinigte Staatsmacht am längeren Hebel.

Göltzschtal- und Elstertalbrücke

Am 15. Juli 1851 konnte nach feierlicher Eröffnung des Streckenabschnitts zwischen Reichenbach und Plauen die gesamte Strecke von München und Nürnberg bis Leipzig befahren werden. Mit der Sächsisch-Bayerischen Eisenbahn war eine Klammer zwischen Nord- und Süddeutschland geschaffen, die in der Zukunft wieder besondere Bedeutung haben wird. Ihr Bau war 1841 verabredet und begonnen worden und hatte mit der Inbetriebnahme von Teilstrecken runde zehn Jahre gedauert.
Die schwierigsten, zeitraubendsten und zugleich kostspieligsten Kunstbauten dieser Strecke, die auch zuletzt fertig wurden, waren die beiden großen Talbrücken über die Göltzsch und die Weiße Elster. Beide sind Steinbrücken mit Pfeilern und Rundbögen, beide haben sich im Betrieb glänzend bewährt und trotzen Belastungen, die ein Vielfaches von dem betragen, was den Erbauern vorgegeben war.
Dem heutigen Beschauer wirken die nur gut hundert Jahre alten Brücken wie Relikte aus der Ur- oder Vorzeit, sie erinnern mit ihren mächtigen Formen an einen Dinosaurier (oder Lindwurm), der sich in die liebliche Landschaft verirrt hat. Und es ergibt sich, am Fuß der mächtigen Pfeiler nach oben schauend, die Frage: Wie kommt der Zug dort auf den Berg?
Um diese zuerst zu beantworten. Es sind keine Gebirge, welche die hin und wieder steilen Hänge der Täler von Göltzsch und Weißer Elster säumen. Vielmehr fährt der Zug in großen Bögen durch ein reizvolles Hügelland, in das sich die Flüsse tiefe Täler gegraben haben. Es kommt also ganz auf den Standpunkt an.
Diese Täler waren mit den Mitteln, die man in der Frühzeit der Eisenbahn entwickelt hatte, nicht zu überwinden. Die aus Holz konstruierte Brücke, jene aus Eisen mit Ketten und Drahtseilen kamen ebensowenig in Frage, wie es möglich war, das Tal auf einem mächtigen aufgeschütteten Damm zu kreuzen. Man entsann sich ähnlicher Aufgaben, die in der Antike glänzend gelöst wurden, durch Aquädukte – Bogenbrücken mit mehreren

Stockwerken, die Wasserleitungen über Taleinschnitte führten. Schönstes Beispiel dieser Aquädukte ist der Pont du Gard bei Nîmes.

Die Baugeschichte kennt zwei Arten solcher mehrgeschossiger Bogenbrücken. Die ursprüngliche, eben die von Nîmes, besteht aus mehreren übereinandergesetzten Brückenetagen, die jede als selbständiges Bauwerk denkbar wäre. Die unterteilte Höhe vermied mancherlei Schwierigkeiten beim Bau (man mied jeden unnötigen Gigantismus und setzte statt dessen auf Sicherheit und Erfahrung) und hatte dazu den Vorteil, daß man die Lehrgerüste in den einzelnen Stockwerken wieder verwenden konnte. Instandhaltung und Reparaturen wurden durch be-

Die Göltzschtalbrücke zwischen Reichenbach und Plauen; vier Etagen mit 81 Bögen: die größte Steinbrücke der Welt.

herrschbare Dimensionen erleichtert. Wo Pfeiler auf Pfeiler kam, wurden die Rundbögen weitgehend entlastet.
Die zweite Bauweise (die schon früh sichtbar wird, es gibt Übergänge und Mischformen) läßt die Pfeiler in der ganzen Höhe wachsen, versteift sie aber in Etagenhöhe durch dazwischen gemauerte Rundbögen. Wir sehen solche Versteifungsbögen zu beiden Seiten der Mittelbögen an der Elstertalbrücke.

Die Verwaltung der Sächsisch-Bayerischen Eisenbahngesellschaft hatte 1845 alle in- und ausländischen Architekten und Ingenieure zu einem Wettbewerb für den Bau zweier Talbrükken mit der «außergewöhnlichen Höhe» von 140 und 120 Ellen (etwa 80 und 68 Meter) aufgerufen. Ziegel und Granit waren als Baumaterial vorgeschrieben, das Gewicht der Lokomotiven, welche die Brücken befahren sollten, wurde mit maximal 20 Tonnen angegeben. Im Preisrichterkollegium saß jener Johannes Andreas Schubert, der als Professor am damaligen Polytechnikum in Dresden die «Saxonia» erbaut hatte, die erste brauchbare deutsche Lokomotive, mit der die Eisenbahnstrecke Leipzig–Dresden eröffnet wurde. Nämlicher hatte mit seinem Werk «Theorie der Construction steinerner Bogenbrükken» 1847 schließlich auch die theoretische Grundlage zum Bau der beiden mächtigen Talbrücken geschaffen. Daß beide heute noch den Ansprüchen des Eisenbahnverkehrs genügen, haben wir der Tatsache zu verdanken, daß man im 19. Jahrhundert genauso wie in der Antike solche Brückenbogen nach Gefühl und Erfahrung baute. Ein paar Zahlen dazu: Die Göltzschtalbrücke ist 578 m lang und 78 m hoch, und mit 135 600 m^3 Mauerwerk ist sie die größte Steinbrücke der Welt.

Der ursprüngliche Plan einer über das ganze Bauwerk gleichen Pfeilerstellung mußte korrigiert werden, als statt des vermuteten Felsengrundes am Standort eines Pfeilers eine Tonschicht gefunden wurde und man beschloß, auf diesen Pfeiler ganz zu verzichten und statt dessen dort ein größeres Gewölbe zu bauen. So sehen wir heute die Brücke mit einem betont-reizvollen Mittelstück, um das sich 75 Gewölbe gruppieren, statt der geplanten einförmigen Mauerwirkung. Als Material wurde für

die Sockel der Pfeiler Sandstein verwendet, darüber hartgebrannte Ziegelsteine und für die obersten Gewölbe Granit.
Die Fahrt zur Göltzschtalbrücke ist denkbar einfach. Sie liegt zwischen den Bahnhöfen Reichenbach oberer Bahnhof und Netzschkau an der Strecke 410 (Plauen–Chemnitz–Dresden). An einem scharfen Knick der B 173 führt eine gekennzeichnete Straße nach Westen. Ob das Bauwerk nun von ferne oder aus der Nähe den schöneren Anblick gibt, darüber läßt sich trefflich streiten. Sie werden keine Schwierigkeiten haben, denn vor der Brücke liegt eine große freie Fläche.

Die Elstertalbrücke bei Jocketa im Tal der Weißen Elster. Oben die Sächsisch-Bayrische Eisenbahn Leipzig – Nürnberg, unten die Strecke Plauen unterer Bahnhof – Greiz. Die Brücke ist 272 m lang und 68 m hoch.

Viel schwieriger ist dagegen die Elstertalbrücke zu finden, denn durch das Tal der Weißen Elster (und unter der von uns gesuchten Brücke hindurch) führt zwar die Eisenbahnlinie Gera–Plauen unterer Bahnhof–Greiz, aber keine durchgehende Straße, so daß wir uns – ob von Greiz, Reichenbach oder Plauen anfahrend – nach dem nördlich der Brücke liegenden Jocketa orientieren müssen. Dort im romantischen Talgrund, unweit der Bahnstation Barthmühle (Kursbuch 540) sehen wir sie in einer Entfernung von einigen hundert Metern im Süden liegen und haben einen kleinen Spaziergang durch den Wald und am Wasser entlang vor uns, bis wir die Brücke – alle Einzelheiten nah sehend – unterqueren und von der Südseite den schönsten Blick auf das Bauwerk haben.
Die Elstertalbrücke hat zwar mit 272 m Länge und 68 m Höhe nicht ganz die Ausmaße der Göltzschtalbrücke, sie hat aber durch ihre flexiblere Gliederung einen ganz besonderen Reiz. Ursprünglich war auch hier an vier übereinanderliegende Reihen gleichmäßiger Bögen gedacht worden, aber der Boden, der schon im Göltzschtal einen größeren Mittelbogen erzwungen hatte, erwies sich hier als besonders tückisch und erzwang größere Gewölbe, die eine Reduzierung auf drei Stockwerke im Gefolge hatten. Die Mittelöffnungen sind 31,20 Meter breit, die sich daran rechts und links anschließenden 29,90 Meter. Dazwischen liegt je eine Reihe kleinerer, nur 7,10 Meter breiter Gewölbe innerhalb der Pfeiler. Die Verspannungsgewölbe sind geteilt. Als Material wurde für die Pfeilersockel Sandstein, die tragenden Gewölbe Granit und alle übrigen Teile Ziegelstein verwendet.

Die sächsischen Schmalspurbahnen

Die ersten Eisenbahnen wurden dort gebaut, wo man das größte Verkehrsbedürfnis vermutete, also die größte Chance, das angelegte Kapital angemessen zu verzinsen. Daraus entwikkelte sich durch wirtschaftliche Weitsicht, aber auch politische (und militärische) Überlegungen und staatliches Engagement ein Netz, das ziemlich alle wesentlichen Punkte des Reiches miteinander verband. Die Eisenbahn förderte den wirtschaftlichen Austausch, aber auch den zivilisatorischen Fortschritt und das kulturelle Leben zwischen diesen Punkten. Sie verstärkte damit das ohnehin ärgerliche «Gefälle» zwischen Stadt und Land.

Ortschaften und ganze Gegenden, die vom weitmaschigen Netz der später «Hauptbahnen» genannten Strecken nicht erfaßt wurden, waren von den Segnungen technischen Fortschritts praktisch ausgeschlossen, stagnierten und hatten Bevölkerungsverluste. Hier wirkte sich die Landflucht teilweise katastrophal aus.

Es gibt Hunderte von Eingaben «um eine Eisenbahn», um den Verfall «auf dem flachen Land» aufzuhalten: eine Eisenbahn verbillige – ja ermögliche oft erst – den gewinnbringenden Abbau und Versand von Bodenschätzen, die Zufahrt von Rohstoffen zum Aufbau einer eigenen Industrie, das Angebot landwirtschaftlicher Erzeugnisse auf fremden Märkten. Eine Eisenbahn allein ermögliche die tägliche Fahrt zur Kreisstadt, sei es zum Broterwerb oder zum Schulbesuch ... Die Investition in eine Eisenbahn löse eine Entwicklung aus, die allen Einwohnern zugute käme.

Das Problem war, daß solche Bahnen, nach den bis dahin entwickelten Grundsätzen erbaut und betrieben, trotz aller erwarteten positiven Auswirkungen oft auch nicht die geringste Hoffnung auf Rentabilität des Betriebes und Verzinsung des Kapitals zuließen. Da lag es nahe, das Beispiel einer Reihe schon existierender lokaler Bahnen, in erster Linie für den

Transport bestimmter Güter wie Kohle und Erz erbaut, heranzuziehen.
Es lag nahe, auf die Erfahrungen mit solchen lokalen Bedürfnissen dienenden Bahnen zurückzugreifen. Aber hier ging es auch darum, im Gegensatz zu den bisherigen Bauten, die vorhandene Bedürfnisse befriedigten, ganz neue Möglichkeiten der Entwicklung zu schaffen und daraus Bedürfnisse zu entwikkeln. Damit wurde die Frage gestellt, ob Lokalbahnen, die anderen Zielen dienten als die bisher gebauten Bahnen, nicht auch anders gebaut und betrieben werden könnten – einfacher und damit billiger. Mit dem Bau der ersten Bahnen dieser Art – schmalspurigen Eisenbahnen zumeist – wurde dann auch der Begriff Sekundärbahn geprägt.
Es waren die Brölthalbahn (auf der Straße von Hennef nach Waldbröl, Spurweite 785 mm, 1870), die Bahn von Ocholt nach Westerstede in Oldenburg (750 mm) und die Bahn von Salzungen nach Kaltennordheim in Thüringen (1000 mm).
Nach juristischen Übergangslösungen wurden 1878 Vorschriften für den Betrieb «untergeordneter Eisenbahnen» erlassen, 1892 durch die «Bahnordnung für die Nebenbahnen Deutschlands» abgelöst, die für Schmalspurbahnen in großen Zügen die Erleichterungen von 1878 fortschrieb. Die waren im wesentlichen:

- Fortfall von Bahnbewachungen und Barrieren an «frequenten» Bahnübergängen bei Geschwindigkeiten bis 15 km/h ganz allgemein, bei Geschwindigkeiten bis zu 30 km/h deren Notwendigkeit nur an besonders gefährdeten Stellen;
- Ersatz der bei Hauptbahnen vorgeschriebenen dreimal täglichen «Revidierung» durch eine pro Tag;
- Herabsetzung der zu besetzenden Bremsen pro Zug;
- Verzicht auf Einfriedigung des Bahnkörpers;
- Verzicht auf Sperrsignale;
- Lockerung bestimmter technischer Vorschriften, z. B. über zulässige Abnutzung der Radreifen von Lokomotiven und Wagen.

Die so entstehenden Sekundärbahnen wurden aus Gründen der Kostenersparnis oft neben oder gar auf vorhandenen Straßen gebaut. Die günstigen Finanzierungsmöglichkeiten gaben Privatunternehmen und Kommunen die Möglichkeit, solche Bahnen anzulegen und zu betreiben – eine erwünschte Entlastung der Staatskassen.

Sachsen hat auf dem Gebiet der Schmalspurbahnen eine Sonderentwicklung hinter sich. Auch hier wurden die ersten Eisenbahnen von privaten Finanziers angelegt, aber schon 1869 war der Staat im Besitz aller Bahnen. Die reichseinheitliche Einführung der Normen für Sekundärbahnen hatte als erstes zur Folge, daß eine Reihe von Hauptbahnen in Sachsen zu Sekundärbahnen herabgestuft wurden. Allein der Fortfall der «Bahnbewachung» brachte pro Jahr und Meile mehr als 10 000 Mark Einsparung. Dann entschied man sich, von Staates wegen den Bau weiterer Sekundärbahnen in die Hand zu nehmen, die keinesfalls nur lokalen Bedürfnissen dienten, denn Sachsen unterschied sich durch seine Bevölkerungsdichte und bodenständige Industrie von den meisten anderen deutschen Ländern. Die ge-

Die sächsische IV K als Denkmalslok in Rothenkirchen.

birgige Landesnatur – hier ging es in erster Linie um die Täler des Erzgebirges – riet zu einer Spurweite von nur 750 mm mit der Möglichkeit, die Gleisführung mit engen Kurven «dem natürlichen Terrain anzuschmiegen» und die Kosten für Landerwerb wie Kunstbauten niedrig zu halten.
1891 wurde die erste Strecke Wilkau–Kirchberg eröffnet, es entstanden 23 Strecken bis 1898 und bis 1913 noch einige Verbindungslinien, insgesamt ein gut 500 km umfassendes Netz. Der überwiegende Teil davon ist der Zeit zum Opfer gefallen, der Konkurrenz durch das Automobil, galt hier doch die Geschwindigkeit 30 km/h – aber auch dem Umbau auf Normalspur, um das lästige Umladen oder den Betrieb mit Rollböcken oder Rollwagen zu vermeiden.
Die noch bestehenden Strecken machen trotz des Betriebs mit Dampflokomotiven durchaus nicht den Eindruck von Museumsbahnen. Ein zeitgemäßes Leit-, Informations- und Signalwesen hat die Kapazität wesentlich gesteigert. Mancherlei Ausbau wurde vorgenommen, um auch die Spitzen im Ausflugsverkehr mit einem Vor- und Nachzüge enthaltenden «Schönwetterfahrplan» bewältigen zu können. Wichtig sind die Schmalspurstrecken auch für den Berufsverkehr.
Den sächsischen Schmalspurstrecken, die Sie auch heute noch befahren können, haben wir anschließend je ein Kapitel gewidmet. Daneben laufen Bemühungen der Interessengemeinschaft Preßnitztalbahn (einer Vereinigung von Eisenbahnfreunden), die stillgelegte Strecke von Wolkenstein nach Jöhstadt zu rekonstruieren und dort einen Traditionsbahnbetrieb einzurichten. Die Interessengemeinschaft hat alle für die Bahn sprechenden Argumente gesammelt, von der Attraktivität des Gebiets für Investitionen bis zur Umweltfreundlichkeit der Bahn und den Gefahren des Straßenverkehrs, von der lebendigen Eisenbahngeschichte bis zu Arbeitsplätzen und Touristikförderung.
Wir aber wollen jetzt die einheitliche Fahrzeugausstattung der sächsischen Schmalspurbahnen beschreiben.

Die Lokomotiven sind auch heute noch nicht bestimmten Strecken zugeteilt. Sie werden nach Bedarf «huckepack» auf normalspurigen Wagen zur Revision oder zum Einsatz auf anderen Strecken gebracht, wozu auch die Schmalspurbahn Putbus–Göhren auf der Insel Rügen gehört. Die ersten Modelle sind natürlich längst ausgemustert. Trotzdem wollen wir sie hier kurz beschreiben, um die Entwicklungslinien nachzuzeichnen. Es begann 1881 mit der I K von der Sächsischen Maschinenfabrik (vormals Richard Hartmann) in Chemnitz. K steht für «Kleinspur». Von der DRG erhielten 1923 alle Schmalspurlokomotiven die Reihenbezeichnung 99. Dazu kamen Ordnungsnummern, die hier mit 51 bis 79 beginnen. Ab 1970 wurden diese durch eine 1 oder 4 gleich hinter der Reihenbezeichnung 99 ergänzt – und durch eine Kontrollziffer am Ende. Aus der 99 542 zum Beispiel wurde die 99 1542-2, die elektronische Datenverarbeitung machte es notwendig.

Die 99 1608-1 ist die zuletzt gebaute IV K.

Die I K hatte wie ihre Nachkommen Dampfläutewerk und die über den ganzen Zug laufende Heberleinbremse, die zu mancherlei lästerlichen Spitznamen Anlaß war, zum Teil auch statt einer festen Vorderachse die radikal einstellbare Klien-Lindner-Hohlachse wegen der geringeren Abnutzung der Spurkränze. Lassen Sie mich an dieser Stelle kurz die Heberleinbremse erklären, die damals ziemlich weit verbreitet war und sogar bei Schnellzügen verwendet wurde.

Über den ganzen Zug wurde, von der Lokomotive ausgehend, ein Seil aus Hanf – später auch Drahtseil – gespannt. Auf offe-

Die sächsischen Schmalspur-Lokomotiven

Gattung Sächs. Staatsbahn Baureihe DR	I K –	II K (alt) –	III K –	IV K 99^{51-60}
Bauart	Cn2t	B'B'n4	C1'n2t	B'B'n4vt
1. Baujahr	1881	1885	1889	1892
Spurweite mm	750	750	750	750
Länge mm	5480-5740	9200	9000	9000
Rostfläche m^2	0,66	1,16	0,9	0,97
Verdampfungs-heizfläche m^2	29,72	57,74	46,3	49,87
Überhitzer-heizfläche m^2	–	–	–	–
Kesseldruck kp/cm^2	12	10	10	12-15
Zylinder-durchmesser mm	240	215	324	240/370-400
Kolbenhub mm	380	355	400	380
Treibrad-durchmesser mm	750	813	855	760
Laufrad-durchmesser mm	–	–	760	–
Dienstmasse t	15,45-16,8	28,9	25,6-26,3	26,6-29,6
Reibungsmasse t	15,45-16,8	28,9	18,9-19,2	26,6-29.6
Wasservorrat m^3	1,5	2,86	2	2,4
Kohlenvorrat t	0,6	1,1	2	1-1,2
Höchstgeschwin-digkeit km/h	30	30	30	30
gebaute Stückzahl	44	2	6	96

nen Güterwagen und Plattformwagen gab es dazu, um das Seil zu halten, Stangen, die an Galgen erinnern. Das Seil wurde auf der Lokomotive durch eine Haspel gespannt gehalten. Lockerte es das Lokomotivpersonal, dann ergab das an den zu bremsenden Wagen einen recht komplizierten Vorgang. Eine an der Leine hängende belastete Stange senkte sich und preßte eine Reibungsrolle an die auf der Achse befestigte Treibrolle. Diese wiederum wickelte eine Kette auf und zog – mit der Kraft des sich bewegenden Zuges – die Bremse an. Die von einem Lokführer gleichen Namens erfundene Heberleinbremse trat also

Gattung Sächs. Staatsbahn Baureihe DR	V K 99^{61}	VI K 99^{64-71}	– 99^{73-76}	– 99^{77-79}
Bauart	Dn2vt	Eh2t	1'E1'h2t	1'E1'h2t
1. Baujahr	1901	1918	1928	1952
Spurweite mm	750	750	750	750
Länge mm	8950	8660	10540	11300
Rostfläche m^2	0,97	1,6	1,74	2,57
Verdampfungs-heizfläche m^2	59,67	64,2	80,3	76,1
Überhitzer-heizfläche m^2	–	24,5	29	27
Kesseldruck kp/cm^2	14	14	14	14
Zylinder-durchmesser mm	340/530	430	450	450
Kolbenhub mm	430	400	400	400
Treibrad-durchmesser mm	855	800	800	800
Laufrad-durchmesser mm	–	–	550	550
Dienstmasse t	28,8	40,4-42.25	56,7	58
Reibungsmasse t	28,8	40,4-42,25	46,1	45
Wasservorrat m^3	2,4	4,5	5,8	5,8
Kohlenvorrat t	0,96	2-2,5	2,5	4
Höchstgeschwin-digkeit km/h	30	30	30	50
gebaute Stückzahl	9	57	22	24

sofort in Tätigkeit, wenn, zum Beispiel durch Zugtrennung, die Spannung des Bremsseils nachließ. Die Bremse konnte auch vom Zugführerwagen aus «gezogen», aber nicht getrennt werden. Wie viele Wagen eines Zuges gebremst werden mußten, das hing von der Neigung der Strecke ab, es sollten aber nicht weniger als die Hälfte sein.

Die «Bindfadenbahn». Das Bremsseil der Heberlein-Seilzugbremse wird über den geschlossenen Güterwagen geführt, läuft bei Rungen- und Rollwagen aber unterhalb der Ladung.

Doch zurück zur Beschaffung der Lokomotiven. Als Zwischenspiel ist der Kauf von zwei Fairlie-Doppellokomotiven (II K) zu werten, die aus England kamen und für den besonders schweren Dienst eingesetzt werden sollten. Sie besaßen einen Stehkessel, aber zwei Feuerbüchsen und zwei Langkessel und zwei unabhängig voneinander arbeitende Zylindergruppen. Sie wurden 1903 und 1909 ausgemustert.

1913 versuchte man es noch einmal mit Doppellokomotiven, und zwar wurden je zwei I K, die oft in Doppeltraktion Dienst taten, zu zwei Doppellokomotiven vereinigt, die im Gegensatz zur Fairlie (II K alt) nun II K neu genannt wurden. Man rechnete sich günstigere Kosten durch Personaleinsparung aus.

III K war ein Versuch mit lenkbaren Kuppelachsen nach dem System Klose mit einem komplizierten Hebelwerk, das beim Durchfahren von Kurven die Längen der Kuppelstangen veränderte. Beweglich waren die erste und die dritte Achse angeordnet. Die Verstellung erfolgte vom Stütztender aus.

Die kurvenreichen Strecken setzten der Zahl der feststehenden Achsen und der Leistungsfähigkeit von Lokomotiven normaler Bauart enge Grenzen. So galt der nächste Versuch 1892 einer Lokomotive der Bauart Günther-Meyer mit zwei beweglichen Triebwerken. Er wurde ein voller Erfolg, die Lokomotive konnte bei einem Radstand von 6200 mm, der einen ausreichend langen Kessel ermöglichte, Bögen mit bis zu 40 m Radius befahren. Die IV K war eine Verbundlokomotive (hinten Hochdruck-, vorn Niederdruck-Triebwerk). Diese Art des Antriebs sparte durch bessere Ausnutzung der Dampfspannung 25 Prozent Kohlen gegenüber den bisherigen Maschinen.

Ein Teil der IV K wurde in den sechziger Jahren mit neuen Kesseln und teilweise neuen Rahmen «rekonstruiert» und ist bis heute im Einsatz. Die IV K Nr. 99 516 fanden wir im Bahnhof Rothenkirchen der ersten sächsischen Schmalspurlinie als Museumslok (vgl. Bild Seite 61).

Dagegen sind die Vierkuppler V K nicht mehr zu sehen. Man hatte sich von den Klien-Lindner-Hohlachsen mehr versprochen.

VI K ist eine Fünfkuppler-Heißdampflok mit seitlich verschiebbarer erster, dritter und fünfter Achse. Die ersten 15 wurden 1918 als Gelegenheitskauf erworben, sie waren für Zwecke der Heeresfeldbahn gebaut, aber nicht rechtzeitig fertig geworden, um noch in den Krieg zu ziehen. Die Lokomotiven waren leistungsstark und dem steigenden Verkehrsaufkommen gewachsen. Sie bewährten sich so gut, daß sie mehrfach nachgebaut wurden – auch für Strecken außerhalb Sachsens. Die 99 715 steht als Denkmallok in Radebeul Ost (zwei ihrer Schwestern in Steinheim/Murr und Güglingen im Zabergäu im Westen Deutschlands), die 99 713 ist fahrbereit für Traditionszüge in Radebeul Ost stationiert.

Die Erfahrungen beim Bau von Regelspurlokomotiven sind der 99^{73-76} anzusehen. Mit Bisselachsen, seitenverschiebbarer zweiter und vierter Triebachse und schwächerem bzw. fehlendem Spurkranz an der mittleren Achse kann sie Kurven mit einem

Die 99 713, letztes erhaltenes Exemplar der Reihe IV K, bei einer Fahrzeugausstellung in Zittau. Die Lok fährt als Museumslokomotive auf der Strecke Radebeul-Ost – Radeburg.

Radius bis 50 m befahren. Nach dem Zweiten Weltkrieg wurde in ähnlicher Form die Serie 99^{77-79} gebaut, mit Druckluftbremse für die Lokomotive und Saugluftbremse für den Zug, aber auch Vorrichtungen für die Heberleinbremse.

Die Personenwagen der sächsischen Schmalspurbahnen waren von vornherein Interkommunikationswagen mit offener Plattform und Möglichkeit des Übergangs für den Schaffner. Nur so konnte der Vorteil der Sekundärbahnen, die Fahrkarten nicht nur im Bahnhof, sondern auch im Zug zu verkaufen, realisiert werden. Zunächst waren die Bänke längs angeordnet, dann quer in der Anordnung 2 + 1 mit Mittelgang, bequemer für die Fahrgäste mit höheren Rückenlehnen, weniger Zug im Nacken und besserer Aussicht.
Zunächst waren zweiachsige Wagen in der Mehrzahl, 6 bis 7 m lang bei 3,80 m Radstand mit einachsigen «Drehgestellen» wegen der engen Kurven, doch der erste 10,62 m lange vierachsige Personenwagen stammte aus dem Jahre 1883, bald kamen weitere hinzu, ab 1895 wurden nur noch Vierachser eingestellt. Die heute laufenden Wagen sind 13 bis 14,46 m lang bei 35 (2. Klasse) bis 51 Sitzplätzen. An einem Packwagen mit sehr engen Bühnen sahen wir ein handgeschriebenes Schild: Fahrkartenverkauf und Gepäckabfertigung.

Zwar waren die sächsischen Schmalspurbahnen in erster Linie für den Lokalverkehr konzipiert. Mit ihrer Entstehung aber stellte sich schon die Frage des Übergangs von Gütern von der Normalspur auf die Schmalspur und umgekehrt. Es wurden reichlich dimensionierte Umladeanlagen geschaffen. Das Umladen erfolgte von Hand – die Löhne waren niedrig. Die Idee eines durch einen Kran auf andere Drehgestelle umzusetzenden Kastens – Vorläufer des Containers – galt in erster Linie «zerbrechlichem» Gut.
1885 begann man mit der Einführung von Rollböcken, wozu spezielle Spurwechselgruben notwendig waren und – die Verstärkung des Oberbaues sowie der Brücken wegen steigender Achslasten. Ab 1901 wurden dann vier- und sechsachsige Rollwagen eingesetzt mit Bühnenlängen von 5,50 bis 11 m und

einer Tragfähigkeit bis zu 28 t. Sie werden über niedrige Rampen mit den Normalspurwagen beladen.
Schließlich sind bei einer Gesamt-Beschreibung der sächsischen Schmalspurbahnen noch die Kupplungen der Fahrzeuge zu erwähnen. Es sind Kupplungen, die auch die Funktion eines Mittelpuffers haben («Buffer» heißt es in älteren Beschreibungen), und es sind zwei Systeme. Nämlich zunächst eine Trichterkupplung mit einem Zugeisen, unterschiedlich an den beiden Enden des Wagens. Das macht auf den sächsischen Schmalspurlinien nichts aus, da es nirgendwo einen Grund gibt, ein Fahrzeug zu wenden (auch die Lokomotiven sind samt und sonders Tenderloks, und es gibt – ist Ihnen das aufgefallen? – auch nirgendwo eine Drehscheibe). Das zweite System ist eine Scharfenbergkupplung (mit gesonderter Verbindung, der Brems-, Heiz- und Lichtleitungen), und dazu gibt es Adapter, die beide Systeme miteinander verbinden. Die Rollwagen, die oft viel kürzer sind als die auf ihnen stehenden Normalspurwagen, werden untereinander mit Kuppelbäumen verbunden, mit Luftleitung für die Saugluftbremse oder einer Seilrolle für die Heberleinbremse, denn das sonst über den Wagen befindliche Bremsseil wird bei Rollwagen unter dem Normalspurwagen durchgeführt. Ebenso durch einen Kuppelbaum werden Rollwagen mit Schmalspur-Güter- oder Personenwagen verbunden.
Abschließend kann gesagt werden, daß nach Blüte und Krise die verbliebenen sächsischen Schmalspurstrecken ihren festen Platz im Eisenbahnnetz gefunden haben und nicht mehr gefährdet sind. Das liegt nicht an einer plötzlichen Überlegenheit gegenüber dem Straßenverkehr oder gar daran, daß sie nun rentabel seien. Vielmehr gewöhnen wir uns daran, Eisenbahnen als Teil einer gesamtwirtschaftlichen Rechnung zu sehen, die zwei bisher kaum beachtete Fakten enthält. Der eine ist die unbestreitbare Umweltfreundlichkeit (falls es so etwas überhaupt gibt, also anders gesagt das kleinere Übel) des Schienenverkehrs, der andere die Tatsache, daß man Eisenbahnen – seien es nun historische Fahrzeuge und Bauten oder landschaftlich besonders schöne Strecken – verstärkt in Fremdenverkehrs-Konzepte aufnimmt, und das mit Erfolg. So können wir den

sächsischen Schmalspurbahnen nur eine ruhmreiche Renaissance wünschen, denn es stehen auch dunkle Wolken am Horizont.

Es ist nicht nur ein Problem der sächsischen 750-mm-Bahnen: Der Unterhalt alter Dampfloks wird immer schwieriger, und es ist bei einer ganzen Reihe von Bahnen abzusehen, daß allein aus diesem Grunde früher oder später der Dampfbetrieb aufgegeben werden muß. Da hört man um so lieber die Meldung, daß eine Schweizer Lokomotivfabrik zunächst versuchsweise drei Dampfloks, und zwar Zahnradloks für Bergbahnen, neu

Die Nr. 991 608-1 IV K «Rekolok».

bauen will. Im Traditions-Look, aber unter dem Blechkleid mit allen Errungenschaften der Neuzeit versehen wie Ölheizung und Einmannbedienung. Es sieht so aus, als sei das ein Weg, Eisenbahnromantik ins zweite Jahrtausend hinüberzuretten.
Wesentlich prosaischer klingen dagegen Pläne, auf den sächsischen Schmalspurstrecken ab 1994 etwa 25 bis 30 Dieselloks einzusetzen, eingeführt aus Rumänien. Diese sollen allerdings nur vor Güterzügen fahren, für den Personenverkehr will man den Dampfbetrieb erhalten.
Neben den nachstehend beschriebenen gibt es noch einen Verkehr mit Dampflokomotiven auf der Strecke Oschatz–Mügeln–Kemmlitz, dort aber nur für den Güterverkehr. Es geht hauptsächlich um die Abfuhr von Kaolin, und es sind dort die Gelenkloks nach System Günther-Meyer (IV K) noch in Aktion zu sehen, wie auch die Heberlein-Seilzugbremse. Betriebsmittelpunkt dieser Strecke ist Mügeln mit vierständigem Lokschuppen, Ziel vieler Eisenbahnfans.

Cranzahl – Kurort Oberwiesenthal

Bei sonnigem Winterwetter herrscht Hochbetrieb, ja drangvolle Enge. Auch sonst ist die Bahn an Sonn- und Feiertagen und während der Ferienzeit von Wanderern gut frequentiert, an Wochentagen beherrschen Schüler und Berufstätige das Bild. Wir wollen hier nicht nur die Fahrt mit der Schmalspurbahn Cranzahl–Oberwiesenthal (mit der Dampflok) empfehlen, sondern auch die Reise bis dahin über Erdmannsdorf-Augustusburg mit seiner Standseilbahn (Seite 92), mit Jagd- und Tierkundemuseum, Zweiradmuseum und historischer Kutschensammlung im Schloß, durch das Zschopautal, über Wolkenstein und Wiesenbad, durch das Tal der Sehma nach Annaberg-Buchholz. Wer in Cranzahl nicht umsteigt in die Schmalspurbahn nach Oberwiesenthal, den erwartet eine zwar technisch nicht so ausgefallene, aber doch landschaftlich schöne Fahrt nach Bärenstein – zehn Kilometer Schienenstrang auf nur drei

Cranzahl, Ausgangspunkt der Schmalspurstrecke nach Oberwiesenthal. Links eine Reihe von Rollwagen zum Transport von Normalspur-Güterwagen auf dem 750-mm-Gleis.

Kilometer Luftlinie, denn dabei sind 53 m Höhenunterschied zu überwinden. Und einen 94 m langen Tunnel gibt's dazu.

Der Bahnhof in Cranzahl macht der Landschaft Ehre. Erzgebirgische Holzkonstruktion, besonders an Bahnsteig und Bahnsteigsaufgang. Die Abfahrtzeiten sind handschriftlich angeschlagen. Dort wartet, wenn der Zug aus Chemnitz (oder der Eilzug aus Leipzig) einläuft, am gleichen Bahnsteig ein langer Zug von grünen Vierachsern mit offenen Bühnen. Für die 17 Kilometer bis Oberwiesenthal braucht man eine runde Stunde, dabei gibt es aber auch 240 Meter Höhenunterschied.
Während die Normalspurstrecke über eine Brücke abbiegt und den Ort Cranzahl südlich umfährt, hält sich unser Zug im Sehmatal und durchfährt parallel der Straße Neudorf mit den Halten Unterneudorf, Neudorf (Bahnhof) und Vierenstraße. Der letzte – noch im Sehmatal – ist Ausgangspunkt mancher Wanderung zum Fichtelberg (den man ab Oberwiesenthal per Luftseilbahn erklimmen kann) und Endstation von Rundwanderungen. Es geht durch den Wald bergan, hinter Kretscham-Rothensehma (792 m) wird nach einer engen Kurve der Sattel zwischen Sehmatal und Pöhlbach überquert. Der wird in Niederschlag, nahe der Grenze zur Tschechoslowakei, in großer Schleife erreicht. Weiter über Hammerunterwiesenthal und Unterwiesenthal, entlang der Straße, die den geraden Weg genommen hat, und der Grenze, dann wird der 110 m lange stählerne Viadukt vor Oberwiesenthal überquert, und der Zug endet im Bahnhof des Kur- und Wintersportortes, einstmals Bergbaustadt mit historischem Stadtkern. Die Unterwegsbahnhöfe Neudorf, Kretscham-Rothensehma, Niederzuschlag und Hammerunterwiesenthal sind Kreuzungsbahnhöfe.
Es wird mit sieben Personenwagen und einem Packwagen gefahren, für Güterzüge sieben leere aufgebockte und ein Packwagen – beladene Güterwagen nach tatsächlichem Gewicht. Wenn sich im Winter die Passagiere drängen, dann werden mit einer Vorspannlok Züge mit bis zu 48 Achsen zusammengestellt, also elf Personenwagen und ein Packwagen. Die Lokomotiven werden zwischen den Schmalspurstrecken ausgetauscht.

Freital-Hainsberg – Kurort Kipsdorf (Weißeritzbahn)

«Die sich in Hainsberg an die ‹Dresden–Chemnitzer Linie› der Sächsischen Staatsbahnen anschließende Schmalspurstrecke ist 26,1 km lang. Sie steigt von 184 m auf 533 m Seehöhe, 93% des Schienenstrangs liegen in der Steigung. Die größte Steigung ist 1:33 auf einer zusammenhängenden Länge von 513 m. Der kleinste Krümmungshalbmesser auf offener Strecke beträgt 50 m.»
Die Strecke zieht sich mit vielen Krümmungen durch das Tal der Roten Weißeritz ins Gebirge. Bei der Anlage wurde berücksichtigt, daß hier noch viel Wasserkraft ungenutzt war und die Eisenbahnstrecke die Ansiedlung von weiteren Betrieben erleichtern würde. Allein diese Streckenführung verlangte eine

Freital-Hainsberg, Lokschuppen und Bekohlungsanlage.

Schmalspurbahn. Dabei wurden der Bau eines 18 m langen Tunnels und von mehr als 40 Brücken notwendig. Stolz war man auf die «Anpassung des Aeusseren der Kunstbauten an die landschaftliche Scenerie des Thales und seiner Felspartien» und verwies auf die Herstellung des Bruchstein-Mauerwerks mit unregelmäßig hervorstehenden «Bossen» in der Art des «Cyclopen-Mauerwerks». Die Eröffnung der Strecke Hainsberg–Kipsdorf (so war die Bezeichnung damals) erfolgte in zwei Teilstücken in den Jahren 1882 und 1883.
Die Strecke dient heute wie in der Vergangenheit ebenso dem Touristen- wie dem Güterverkehr. Personen- und Güterzüge

Neubaulok vor einer Reihe von Normalspurwagen auf Rollschemeln.

halten sich etwa die Waage, es gibt auch gemischte Züge. Ausgangspunkt ist der Bahnhof Freital-Hainsberg, wo man vom letzten Bahnsteig des Hauptbahnteils auf den Schmalspurbahnhof runterschaut (er ist durch eine Unterführung zu erreichen, die vom Empfangsgebäude unter den Bahnsteigen verläuft). Die Betriebsanlagen sind spartanisch; wie bei allen sächsischen Schmalspurbahnen sind die Werkstätten in der Bergstation. Erwähnenswert sind die Anlagen für den Rollwagenverkehr. Es ist faszinierend, beim Rangieren zuzuschauen, wie sie auf den schmalen 750-mm-Gleisen stehen, die massiven Loks und die sie überragenden Regelspur-Güterwagen auf den Rollwagen.
Gleich nach der Ausfahrt aus dem Bahnhof wendet sich der Zug nach links, überquert die Wilde und die Rote Weißeritz, der sie nun folgen wird, und erreicht beim Haltepunkt Freital-Cossmannsdorf den Rabenauer Grund. Das Tal verengt sich, der oben erwähnte Tunnel wurde 1906 durch einen Einschnitt ersetzt, um die Durchfahrt von Normalspur-Güterwagen auf Rollfahrzeugen zu ermöglichen. Rabenau, Spechtritz, Seifersdorf – eine liebliche Tallandschaft; bei Malter wurde, als die Talsperre entstand, die Bahn auf die andere Talseite verlegt. Sehenswert ist das alte Dippoldiswalde. Dann sind sich Bahn und Straße weitgehend einig und laufen bis zum Ende der Strecke parallel zueinander. Achten Sie vor Schmiedeberg auf den 191 m langen Viadukt! Manches ist, wie dieser aus den Jahren 1924/25, nicht mehr «original» wie zur Zeit der Erbauung der Bahn, sondern in Schüben modernisiert: Die teilweise neue Trasse, vor allem aber der Bahnhof Kurort Kipsdorf, der im «Heimatstil» beweist, daß die neue Zeit noch nicht überall im Erzgebirge angekommen ist.

Zittau – Kurort Oybin/Kurort Jonsdorf

Die Rettung kam in letzter Minute. Die traditionsreiche Schmalspurbahn sollte dem Braunkohlen-Tagebau weichen. Alles war längst beschlossen. Schon jahrelang hatte es deswegen keine Mittel für den Unterhalt gegeben, man lebte von der Substanz. Doch dann kam die erlösende Nachricht, daß es doch weitergehen solle. Das 100jährige Jubelfest wurde vom Herbst '90 vorverlegt auf den Tag, an dem die Einstellung des Betriebes stattfinden sollte, auf den 26. Mai 1990, und das Fest wurde ganz besonders gefeiert. Es hat sich herumgesprochen, daß andernorts Dampfbahnen nicht verschrottet, sondern liebevoll in ein Tourismuskonzept eingebaut und zum Gästemagneten werden. Wo sie verschrottet sind, bedauert man den Schritt und versucht allerlei an Rekonstruktionen. Die vier noch fahrenden sächsischen Schmalspurbahnen aber haben die Chance zu überleben.
Hinter vorgehaltener Hand ist zu hören, die Bahn habe in erster Linie dem neuen gesamtdeutschen Energiekonzept ihr Weiterbestehen zu verdanken, Braunkohle wird zurückgefahren. Und zweitens sei die unter der Bahn von enttäuschender Qualität. Statt dessen gibt es nun einige Millionen für dringend notwendige Verbesserungen, vor allem am Gleis.

Die Bahnen von Zittau ins «Zittauer Gebirge» vor der Grenze zur Tschechoslowakei, nach Oybin und Jonsdorf – 1890 eröffnet –, dienen vorwiegend dem Reiseverkehr – den Feriengästen und den Wanderern wie Wintersportlern. Dem Oybiner Verband der Sächsischen Sommerfrische sei Dank, der 1873 die Frage einer Eisenbahn auf die Tagesordnung setzte.
Da die Anlage von Eisenbahnen in Sachsen ausgangs des 19. Jahrhunderts zu dem Zwecke erfolgte, Industrie und Gewerbe zu fördern und sich hier keine Mehrheit fand, die Anlage einer Strecke der Staatsbahn zu befürworten, ging man vom

Prinzip ab und genehmigte eine durch Interessenten zu finanzierende Privatbahn, die allerdings von der Staatsbahn zu betreiben war. So entstand die «lokalen Zwecken» dienende Zittau-Oybin-Jonsdorfer Eisenbahn-Gesellschaft, abgekürzt Z.O.J.E., was der Volksmund variierte = Zug ohne jegliche Eile.
Bis km 8,9, im Bahnhof Bertsdorf, gibt es nur ein gemeinsames Gleis. Dann trennt man sich und legt die letzten Kilometer bis Oybin (km 12,2) und bis Jonsdorf (km 12,7) auf eigenem Gleis zurück.

Bergauf mit der IV K im Zwickauer Bergland.

Die Übernahme der kränkelnden Gesellschaft durch die Staatsbahn und der zweigleisige Ausbau der Strecke Zittau Vorstadt–Oybin (eine Besonderheit für eine Schmalspurbahn – bis 1944) unterstreicht das Verkehrbedürfnis, denn die Zahl der Sommerfrischler wie Tagesausflügler stieg mit der Einrichtung der Bahn steil an, womit wieder einmal bewiesen war, daß eine Bahn nicht nur dazu dient, ein vorhandenes Verkehrsbedürfnis zu befriedigen, sondern auch neues zu wecken. Inzwischen hatte man (1899) den Rollbockverkehr aufgenommen, der dann 1927 durch die leistungsfähigeren Rollwagen ersetzt wurde. 1938 gab es vier Triebwagen, von denen noch einer als Museumsfahrzeug existiert (vgl. Seite 106).
Abfahrt ist auf dem Bahnhofsvorplatz. Zunächst wird mit drei Halten die Stadt Zittau umfahren. Dabei wird nach Zittau Haltepunkt die normalspurige Strecke nach Liberec unterfahren, die hier mit einem 39bogigen Viadukt das Neißetal kreuzt. Nach Verlassen des Stadtgebietes (südlichster Bahnhof ist Zittau Vorstadt) geht es bergan, das Gebirge steht vor uns. Rechter Hand die Industriesiedlung Olbersdorf (mit den Haltepunkten Olbersdorf-Niederdorf und -Oberdorf). Danach folgt der steil-

Noch einmal die sächsische IV K 991 608-1.

ste Teil der Strecke, und mit dem Bahnhof Bertsdorf, wo sich die Gleise teilen, ist der Rand des Waldes erreicht, der uns nun, ob wir uns für links oder rechts, für Oybin oder Jonsdorf entscheiden, auf den letzten Kilometern begleitet.
Je nach Fahrtziel heißt es hier umsteigen, oft sind mehrere Züge als reizvolles Fotomotiv zu sehen. Ohne hier nun die Einzelheiten der reizvollen Erholungslandschaft, die Namen der Täler und Berge, Bäche und Felsen aufzuzählen, sei Ihnen versichert, daß die vielen mit der Schmalspurbahn ins Erholungsgebiet reisenden Gäste diese Landschaft liebgewonnen haben und sie immer wieder gern für ihre längeren oder kürzeren Ausflüge benutzen.

Radebeul Ost – Radeburg (Lößnitztalbahn)

Für uns ist es die interessanteste unter den sächsischen Schmalspurbahnen: Einerseits fährt an bestimmten Tagen der Traditionszug mit historisch uniformierten Begleitern, andererseits werden täglich die Pendler aus dem Umland per Dampflok in die Stadt gebracht.

Teilen Sie Ihre Zeit so ein, daß Sie frühzeitig am Bahnhof Radebeul Ost eintreffen, denn dort gibt es (gleich linker Hand) vor der Abreise noch allerhand zu sehen. Der Museumszug mit Wagen ab 1885, aber noch vielerlei anderes historisches Rollmaterial. Ich hatte hier die Möglichkeit, in aller Ruhe meiner Begleiterin die Heberleinbremse zu erklären. Dahinter sind Lokschuppen, Bekohlungsanlage und die Ladeanlagen für den Rollwagenbetrieb zu sehen.

Normalerweise fährt man zwischen Radebeul Ost und Radeburg mit den in den fünfziger Jahren nachgebauten 1'E1'h2t (99^{77-79}, vgl. Seite 65 + 69).

Der Traditionszug war 1974 so etwas wie ein Pilotprojekt. Inzwischen gibt es einen Traditionszug auch in Wernigerode (vgl. Seite 150) und Pläne, ebenso auf den anderen sächsischen Schmalspurbahnen solche Züge fahren zu lassen. Der Radebeuler Traditionszug besteht aus den ältesten fahrbereiten Lokomotiven und Wagen. Fangen wir vorn an. Eine in der alten Farbe Laubfroschgrün gehaltene «Meyer» (sächsische IV K, Baujahr 1899, frühere Nr. 132 der Sächsischen Staatsbahn). Sie ist die älteste betriebsfähige von dereinst 96 Lokomotiven dieser Bauart (vgl. Seite 64 + 67). Ihr zur Seite steht die letzte fahrbereite Eh2t, DR Nr. 99713 (vgl. Seite 65 + 67). Für den Traditionszug stehen derzeit 14 historische Wagen bereit, Personenwagen 2., 3. und 4. Klasse, ein offener Aussichtswagen und ein Güterwagen.

Das alles – die Erhaltung und die viel schwierigere Wiederaufarbeitung des historischen Rollmaterials sowie die Abwicklung des Museumbahnbetriebes wird weitgehend von Mitgliedern

Impressionen von der Traditionsbahn Radebeul Ost – Radeburg.

des Deutschen Modelleisenbahn-Verbandes getragen. Übrigens kann außerhalb des Fahrplans der Traditionszug auch für besondere Fahrten von Vereinen, Betrieben o. ä. angemietet werden (diese und andere Auskünfte – Vorbestellung wird bei allen Traditionsfahrten empfohlen – DMV AG 3/58, 8122 Radebeul 1, PSF 56, bitte Freiumschlag beilegen – Tel. 04 61/41 00 Dresden). Der Traditionszug hält nicht auf allen Bahnhöfen, dafür gibt es «Fotohalte», und immer ist ein Büfettwagen dabei.

Mit dem Bau der Eisenbahn von Radebeul Ost nach Radeburg sollten zwei Probleme gelöst werden: Es galt, das «mit lebhafter Landwirtschaft» betriebene Gebiet um Radeburg an die Landeshauptstadt anzuschließen, seine Produkte aus Feld, Wald und den Fischteichen, aus Mühlen und Ziegeleien zu moderatem Preis zum Vorteil der Erzeuger wie der Verbraucher zu

Festtag in Radebeul Ost.

transportieren, man rechnete aber auch mit einem starken gewinnbringenden «Vergnügungsverkehr» aus der Stadt nach Moritzburg.

Dabei war der Lößnitzgrund zu durchfahren – wollte man nicht wie die Landstraße über den Berg –, und da dieser selbst den Straßenbauern bis dahin erfolgreich Widerstand geleistet hatte, kam auch hier nur eine Schmalspurbahn in Frage, sollten die Kosten nicht ins Unübersehbare steigen. Die Bahn wurde am 16. September 1884 feierlich eröffnet. Sie ist gut 16 km lang und fährt unter günstigen Verhältnissen, denn von Radebeul, das 112 m hoch liegt, geht es hinauf bis auf 185 m und dann – die höchste Stelle liegt kurz vor Moritzburg – nach Radeburg hinunter auf 147 m. Die größte Steigung beträgt nur 1:60, der engste Krümmungshalbmesser ist 75 m. Es gab nur wenig Kunstbauten, Kopfschmerzen bereitete allerdings die Aussperrung des Wildes aus dem zu durchfahrenden «Thiergarten» des

Im Lößnitzgrund, nahe Schefflermühle.

Traditionslok «132» im sächsisch grünen Kleid mit dem Traditionszug.

Königlichen Jagdschlosses Moritzburg. Eine Aufstellung der Frachtgüter aus den neunziger Jahren des vorigen Jahrhunderts nennt auch hier die Kohle ganz vorn. Es ist erstaunlich, wie der Transport von Energie durch Hochspannungsleitungen den Charakter des Transportes auf Schiene und Straße verändert hat, ging es im Zeitalter der Dampfkraft doch zunächst darum, jedem Betrieb seine Energie in Form von Kohle zuzuführen.

Inzwischen ist der Zug bereitgestellt. Ich hoffe für Sie, daß es der Traditionszug ist. Nach kurzer Fahrt durch das Stadtgebiet und Halt beim «Weißen Roß» (Straßenbahn von/nach Dresden Stadtmitte, der Traditionszug hält nur auf der Rückfahrt zum Umsteigen in die Straßenbahn) rechts oben das Weinbaumuseum Haus Hoflößnitz mit der berühmten dreihundertfünfundsechzigstufigen Treppe, und dann die Einfahrt in das Lößnitztal, das uns in das Wald- und Seengebiet von Moritzburg bringt. Der Dippelsdorfer Teich wird auf einem Damm durchfahren. In der Station Moritzburg (nahe beim Schloß) verlassen uns die meisten Ausflügler. Bis zum fleißigen Städtchen Radeburg geht es noch eine halbe Stunde durch freundliches Wiesenland.

Schmalspurbahnmuseum Oberrittersgrün

Geöffnet ist das Museum Di–Fr 9–12 und 13–16 Uhr
Eintrittspreis DM 2,–, Kinder und Rentner DM 1,–
Führungen nach Vereinbarung.
Auskunft/Anmeldung Eisenbahnmuseum Rittersgrün 94 44,
Tel. Rittersgrün 4 40, oder Rat der Gemeinde Rittersgrün 9444,
Tel. 247/248.

Nicht der Anfang, sondern der Endpunkt der stillgelegten Schmalspurbahn von Grünstädtel nach Oberrittersgrün ist der Sitz des Eisenbahnmuseums, das allein von dieser Strecke übriggeblieben ist. Bei den Schmalspurbahnen des Erzgebirges war es üblich, die Abstell-, Wartungs- und Reparaturanlagen sowie die Betriebsleitung in die Bergstation, hoch oben, zu verlegen. So kommt es, daß Sie das Schmalspurbahnmuseum Oberrittersgrün (übrigens in einer bezaubernden Wander- und Erholungsgegend) wenn nicht mit dem eigenen Fahrzeug, so nur mit dem Linienomnibus ab Bahnhof Schwarzenberg (Erzgebirge) erreichen können.
Allein die Anfahrt lohnt schon die Reise. Sie führt von Zwickau – oder Chemnitz – über Aue durch ein «frühindustrialisiertes» Gebiet mit einer Fülle von aus dem Eisenbahnfenster zu besichtigender Zeugen der Industriearchäologie – Abraumhalden der frühen Kohlegruben (bei Zwickau), des Uranbergbaus (zwischen Schlema und Aue) und um Aue des Zinnbergbaus sowie der Gewinnung von Kobalt, wie es schon im 17. Jahrhundert für Delfter Kacheln und Meißner Porzellan verwendet und in den «Blaufarbenwerken» aufgearbeitet wurde. Für die Meißner Porzellanmanufaktur lieferte Aue auch das Kaolin.
Aus dem Tal der Zwickauer Mulde geht es jetzt entlang dem Schwarzwasser. Das enge Tal windet sich durch eine romantische Felsenlandschaft, die Steigung ist beträchtlich. Dann kommt Schwarzenberg – der historische Stadtkern mit dem Schloß hoch über dem Bahnhof. Aber nicht nur dessen Besichtigung ist anzuraten, auch die der etwa 7 Kilometer in Richtung

Schmalspurbahnmuseum Oberrittersgrün. Hinten ist der Lokschuppen erkennbar.

Annaberg-Buchholz entfernten Eisenbahn-Stahlbrücke der Strecke Schwarzenberg–Annaberg-Buchholz, die mit ihren Gitterpfeilern ein Seitental und einen Teil des Ortes Markersbach überspannt: 237 m lang, 37 m hoch und etwas mehr als 100 Jahre alt.

Auf der Rückfahrt in Richtung Schwarzenberg erreichen wir dann bald den Bahnhof Grünstädtel, Ausgangspunkt der ehemaligen Schmalspurbahn nach Oberrittersgrün, der wir letztendlich das Schmalspurbahnmuseum verdanken. Die Bahnlinie wurde in den Jahren 1888 und 1889 erbaut, hatte eine Länge von 9360 m und wurde am 25. September 1971 stillgelegt. Die Strecke führte durch das schöne Pöhlwassertal, wozu eine Anzahl recht enger Kurven mit einem Halbmesser bis 80 m notwendig waren, überquerte das Wasser viermal und schnitt

ebenfalls viermal die lebhaft befahrene, parallel verlaufende Straße. Dabei wurde ein Höhenunterschied von 188 m mit einer Steigung bis zu 33‰ überwunden.
Mit der Bedienung von fünf Haltepunkten war der Zug rund eine Dreiviertelstunde auf den gut neun Kilometern unterwegs. Mehr Bedeutung als der Personenverkehr war dem Anschluß von insgesamt dreißig Industriebetrieben zuzumessen, in erster Linie Pappenfabriken und Holzschleifereien, aber auch ein Bergwerk, ein Eisenwerk und eine Brauerei waren darunter. Gefahren wurde mit den schon beschriebenen sächsischen 750-mm-Schmalspur-Lokomotiven. Ein Zug hatte je nach Tages- und Jahreszeit (ob Berufs- oder Ausflugsverkehr) zwei bis vier Personenwagen, einen Gepäckwagen und etwa drei Güterwagen, wie wir es im Museum sehen. Die Verwendung von

Schmalspurbahnmuseum Oberrittersgrün, im Lokschuppen.

Rollböcken oder Rollwagen ließ der Charakter der Strecke nicht zu. Alle Güter mußten also in Grünstädtel auf Schmalspurwagen umgeladen werden oder umgekehrt.

Die Leute von Oberrittersgrün mochten auch nach der Stillegung der Strecke ihre Eisenbahn nicht missen. Eine Lokomotive – Gattung IV K – hatten sie schon als Ausstellungsstück, acht Personenwagen und Güterwagen holten sie am 15. Januar 1972 «von unten», ehe die Schienen demontiert wurden. Der ehemalige Bahnhof wurde zum Museum.
Nun braucht einer kein Eisenbahnnarr zu sein, um dort seine Freude zu haben. Gewiß, es wurden noch weitere Wagen beschafft, und Sie sehen heute direkt am Eingang den Traditionszug mit zweiachsigen Personen-, Gepäck- und Güterwagen aus den Jahren 1892 bis 1899. Vor dem ehemaligen Lokomotivschuppen steht eine Personenzugeinheit, wie sie 1971 zuletzt gefahren ist, mit Polstern und Holzbänken, und weitere Personen- und Güterwagen verschiedener Bauart finden Sie im Freigelände und im Lokomotivschuppen, darunter Drehschemelwagen mit der Demonstration von Langholztransporten, Roll-

Schmalspurbahnmuseum Oberrittersgrün, historischer Postwagen.

wagen, Kalkwagen und ein «Aussichtswagen», insgesamt 32 Personen- und Güterwagen.
Die Lokomotive, die dazu den Grundstein bildete, die 99 579 (Bauart Günther-Meyer, Baujahr 1912), hat im Lokschuppen Platz gefunden. Eine weitere soll den Ausstellungszug zieren, und für einen «Fahrbetrieb» auf dem Gelände des Museums bemüht man sich um eine Diesellok. Dazu gibt es 180 «typische Eisenbahngegenstände», und Sie können ebenso den historischen Dienstraum, Güterboden und Schmiede wie Belade- und Bekohlungsanlagen sehen.
Das Museum ist in erster Linie dem wohl einmaligen sächsischen Schmalspur-Eisenbahnnetz gewidmet, informiert aber auch über die gesamte Verkehrsentwicklung in der Region, also im Erzgebirge, berichtet von Paß- und Poststraßen, von Fuhrleuten und Flößern und von dem, was sie transportierten, dem Gedeihen von Bergbau, Forstwirtschaft und Industrie und deren Produkten. Das beginnt mit der Nutzung der Wasserkraft für die heimische Holzverarbeitung und die Erfindung der Dampfkraft für die weltumspannende Eisenbahn und endet im Weltraum – genauer mit der Nachbildung des 1833 gefundenen Oberrittersgrüner Eisenmeteoriten, von dem sich Stücke in den großen Mineralien-Museen der ganzen Welt befinden. Dazu gehören viele Fotos, zum größten Teil historische Originale, und eine Modelleisenbahnanlage, die dem Thema «Transport aus dem Flachland in das Gebirge» gewidmet ist.
Nein, hier geht es nicht nur um die Reminiszenzen an die abgebaute Schmalspurbahn zwischen Grünstädtel und Oberrittersgrün, sondern um eine weit darüber hinausgreifende Aufarbeitung erzgebirgischer Wirtschafts-, Technik- und Sozialgeschichte, interessant sogar für Ihre Kinder, die der Faszination sich bewegender Modelle und des «Auf-die-Lokomotive-Kletterns» nicht widerstehen können.

Drahtseilbahn Augustusburg

Hier soll die schon früher erwähnte Standseilbahn beschrieben werden (vgl. Seite 73). Standseilbahn heißt sie richtig, aber im Zschopautal hat man sich daran gewöhnt, sie Drahtseilbahn zu nennen, wie es auch in Jugendstilbuchstaben an der Talstation steht. Sie hängt eben an einem 28 mm starken Drahtseil und wird durch dieses bewegt.

Die Drahtseilbahn verbindet die Stadt und das Schloß Augustusburg, das ehemals kurfürstlich sächsische Jagdschloß mit Jagd- und Tierkundemuseum und Zweitakt-Motorradmuseum samt Kutschensammlung mit der Eisenbahnstrecke unten an der Zschopau. Die Talstation heißt Erdmannsdorf-Augustusburg. Die Drahtseilbahn hat eine Länge von 1237 m bei 168 m Höhenunterschied, so daß die Steigung zwischen 11 und 20 Prozent liegt. Man ist acht Minuten unterwegs.

Die Bahn wurde im Jahr 1973 auf den neuesten technischen Stand gebracht. Das schlägt sich unter anderem darin nieder, daß der Fahrbetrieb über UKW-Funk gesteuert wird und die Maschinenanlage in der Bergstation unbesetzt arbeiten kann.

Die zwei Wagen, die auf einem Gleis fahren und sich in der Mitte in der Abtschen Weiche begegnen, gehören zur dritten Generation. Als die Bahn 1911 (für insgesamt 285000 RM übrigens) erbaut wurde, faßten sie 70 Personen und wogen 7200 kg. Die Maschinenanlage leistete 49 kW. Bei der Modernisierung 1928 erschienen 74 Personen fassende Wagen mit 9500 kg Eigengewicht. Die wurden 1973, nachdem die Anlage für rund 4,5 Millionen Mark erneuert worden war, durch solche für 75 Personen mit 10800 kg Eigengewicht abgelöst. Schon 1929 war die elektrische Antriebsleistung auf 62 kW erhöht worden.

Unverändert blieb immer die Spurweite von 1000 mm und die optimale Sicherheit mit automatisch wirkenden Schienenzangenbremsen neben der üblichen Laufwerkbremse. Die Bahn befördert etwa 500 000 Personen jährlich.

Verkehrsmuseum Dresden

Johanneum am Neumarkt
801 Dresden, Augustusstraße 1
Tel. 0 51/4 95 30 02

Öffnungszeiten täglich außer Montag 9–17 Uhr
(dienstags bis 18 Uhr, ab 14 Uhr halbe Eintrittspreise)
Eintrittspreis DM 4,–, für Kinder DM 1,50,
Ermäßigung für Studenten, Rentner, Gruppen 50%
Führungen für Erwachsene DM 25,–,
Kinder DM 15,–.

Das Verkehrsmuseum im prächtig-repräsentativen Bau des Johanneums liegt mitten in der Stadt, dort, wo es von keinem Touristen übersehen werden kann. Diese bevorzugte Lage wird bezahlt mit einer Enge, die keine umfangreiche Aufstellung von Originalfahrzeugen wie etwa im Verkehrshaus der Schweiz in Luzern oder gar wie im Französischen Eisenbahnmuseum in Mulhouse im Elsaß zuläßt. Das Original wird damit zur Ausnahme, das Modell bekommt größere Bedeutung, und die Zusammenhänge werden durch eine Fülle von Bild- und Schrifttafeln hergestellt. Diese Art der Ausstellungstechnik wird von Museumsdidaktikern in aller Welt propagiert. Sie schließt allerdings neben der Darbietung der Exponate die Analyse ein, und an der scheiden sich wohl die Geister. Man wird im Johanneum das ein oder andere verändern, soweit das nicht bei Erscheinen unseres Buches schon geschehen ist. Unabhängig davon ist das Museum nur zu empfehlen, da ja der Eisenbahnfreund mancherlei Erfahrung und kritisches Selbstverständnis mitbringt. Die Mitarbeiter des Verkehrsmuseums sind auch im Lokomotiverhaltungsprogramm der DR engagiert.
Doch bevor wir zwischen den beiden herrschaftlichen Freitreppen das Gebäude betreten, ein paar Worte zu seiner Geschichte. 1586 wurde es als Pferdestall erbaut, es diente mit mancherlei Umbauten im Lauf der Jahrhunderte verschiede-

Fortsetzung auf Seite 98

Die Außenansicht des Verkehrsmuseums Dresden.

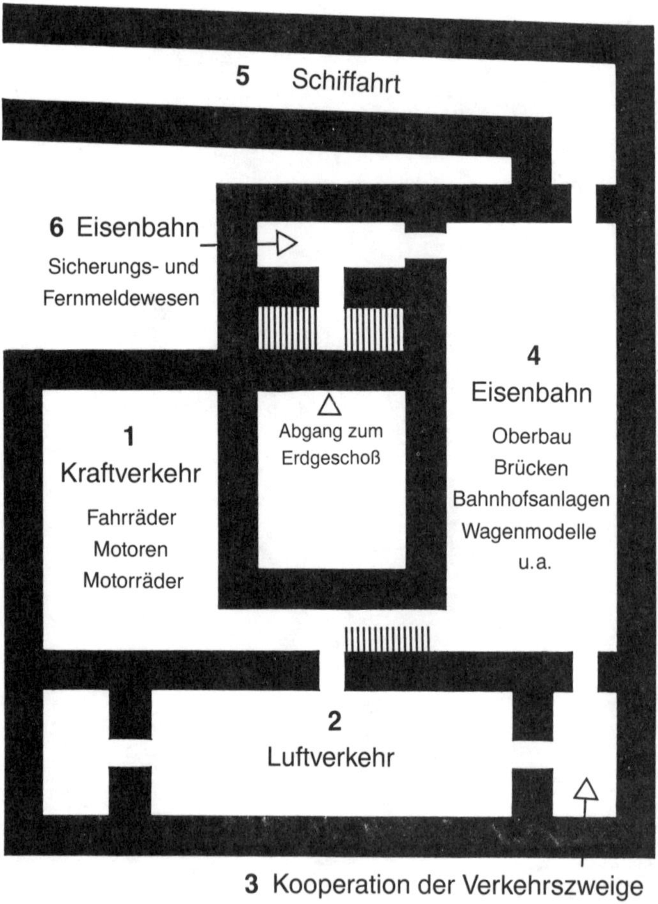
5 Schiffahrt
6 Eisenbahn
Sicherungs- und
Fernmeldewesen
4
Eisenbahn
Oberbau
Brücken
Bahnhofsanlagen
Wagenmodelle
u.a.
Abgang zum
Erdgeschoß
1
Kraftverkehr
Fahrräder
Motoren
Motorräder
2
Luftverkehr
3 Kooperation der Verkehrszweige

ERDGESCHOSS

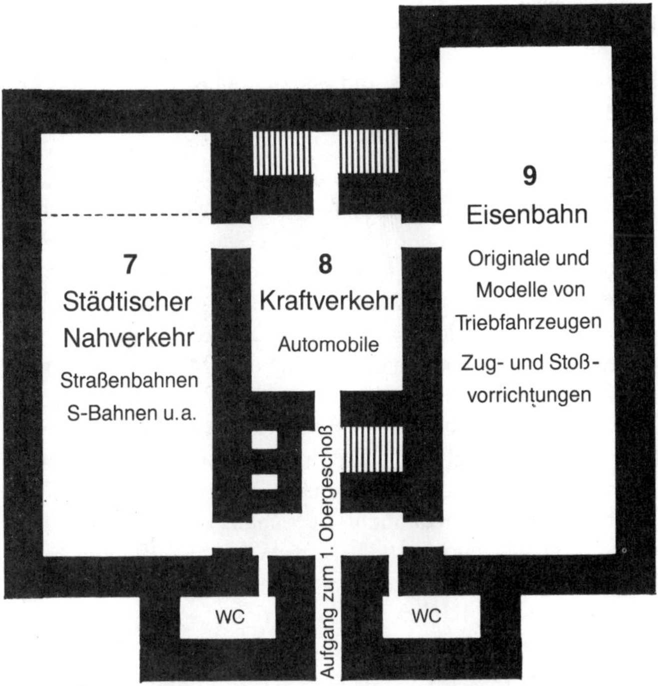

Das Verkehrsmuseum Dresden liegt verkehrsgünstig und besucherfreundlich in der Stadtmitte. Dem Eisenbahnfreund ist in erster Linie der Raum 9 zu empfehlen, vom Eingang gleich rechts, er enthält die Original-Triebfahrzeuge. Doch wer schon einmal in Dresden und im Verkehrsmuseum ist, der sollte auch seine Eisenbahn-Scheuklappen ablegen und sich mit dem ganzen Reichtum der Verkehrsgeschichte beschäftigen. Der Raum 3 – er liegt etwas versteckt – hilft, das Zusammenwirken der einzelnen Verkehrsmittel zu verstehen.

nen Zwecken: Rüstkammer und historisches Museum, hier wurde die Porzellansammlung des Herrscherhauses aufbewahrt und die Gemäldesammlung, bis diese in die Sempergalerie überführt wurde. 1945 wurde das Johanneum vollständig zerstört. 1954 wurde die Ruine dem 1952 gegründeten Verkehrsmuseum übergeben, und es dauerte bis 1966, bis das Gebäude völlig wiederhergestellt und die Ausstellungsräume eingerichtet waren.

Der Eisenbahn ist nur ein Teil des Museums gewidmet. Geht es Ihnen nur darum, wollen Sie also den Saal der Straßenbahnen und die Automobile im Lichthof «überspringen», dann empfiehlt es sich, zunächst nicht der allgemeinen Weisung zu folgen, sondern sich gleich am Eingang im Erdgeschoß rechts zu halten, wo im Raum 9 die Originale und Modelle von Triebfahrzeugen zu sehen sind.
Ein erstklassiger Leckerbissen für jeden Eisenbahnfan ist die älteste in der vormaligen DDR im Originalzustand erhaltene Dampflokomotive, die «Muldenthal». Sie wurde 1861 als Nr. 164 bei der Maschinenbauanstalt Richard Hartmann in Chemnitz gebaut und tat bis 1952 (!) im Werksverkehr eines Steinkohlenbergwerks bei Chemnitz Dienst. Die 1'B-Tenderlokomotive bestach durch ihre Kurvenläufigkeit.
Die zweite unter den Seniorinnen ist die normalspurige Lokalbahn-Tenderlokomotive «Hegel», bei Hartmann unter der Fabriknummer 1435 im Jahr 1886 erbaut. Die B-Lokomotive gehörte zur sächsischen Gattung VII T, später kam sie als 98 7056 zur Deutschen Reichsbahn-Gesellschaft. Es ist anzunehmen, daß sie im Osterzgebirge Dienst tat. Einige Daten:

Länge über Puffer 7 880 mm
Rad Durchmesser 1 130 mm
Radstand gesamt 2 200 mm
Rostfläche 0,87 m^2
Gesamtverdampfungsfläche 43,5 m^2
Anzahl der Heizrohre 98
Zylinder Durchmesser 300 mm
Kolbenhub 533 mm
Dienstgewicht 25,4 t

Zugkraft 3 140 kg
Höchstgeschwindigkeit 30/40 km/h (hier geben Drucksachen des Museums unterschiedliche Auskunft).

Weitere Original-Dampflokomotiven gibt es auf der schmalen Spur. Nämlich eine IV K der sächsischen Staatsbahnen, 750 mm Spurweite, System Günther-Meyer (vgl. Seite 64 + 67), und mit 600 mm Spurweite eine «Fairlie» mit zwei Kesseln und zwei Triebdrehgestellen, mit einem gemeinsamen Stehkessel und einem Führerstand in der Mitte, eine in Deutschland nur wenig verbreitete Bauart.
An die Tatsache, daß die Elektrifizierung der deutschen Eisenbahnen von Mitteldeutschland ausging, erinnern einige weitere Exponate. Da ist zunächst eine elektrische Güterzuglokomotive der AEG, wie sie ab 1911, aber auch wieder nach dem Ersten Weltkrieg als E 7111 bis 7137 geliefert wurden und bis zum Ende der fünfziger Jahre im Einsatz waren. Zwei zweiachsige Drehgestelle wurden über Blindwelle und Stangen von je einem Motor angetrieben. Sie waren unter niedrigen Vorbauten untergebracht. Die Räder hatten einen Durchmesser von 1350 mm, die Höchstgeschwindigkeit war 50 km/h und die Stundenleistung 785 kW. Der Lokomotivkasten enthielt zwischen den beiden Führerständen den Haupttransformator.
Von der E 50^3 (1924) ist nur ein Torso übriggeblieben. Die für den Reisezug- und Eilgüterzugdienst konzipierte Lokomotive mit der Achsanordnung 2'D1' ist nur noch mit ihren Triebachsen und dem riesigen Motor zu sehen, der die Kraft durch einen Doppel-Parallelkurbel-Antrieb auf die vier Triebachsen übertrug. Mit einem Ankerdurchmesser von 2,60 m und einem Gewicht von 27 t ist es der größte Bahnmotor Europas.
Aus dem Experimentierstadium des elektrischen Bahnantriebs ist die erste Drehstromlok der Welt zu sehen, 1899 von Siemens & Halske gebaut. Nach Versuchsfahrten zwischen Groß-Lichterfelde und Zehlendorf versah sie – auf Gleichstrom umgerüstet – bis 1974 Dienst auf einer Industriebahn. Hier steht sie in den ursprünglichen Zustand zurückversetzt.
Neben den Lokomotiven ist dann noch der zum Hofzug des Königs gehörende Salonwagen der Sächsischen Staatsbahnen

Im Erdgeschoß Originale und Nachbildungen: Hinten die VI K der sächsischen 750-mm-Spur, System Günther-Meyer.

Die «Muldenthal» ist das beste Stück des Verkehrsmuseums, eine 1B-Lokomotive aus dem Jahre 1861, die bis 1952 Dienst tat.

Überraschend ist die Zahl der Modelle im Verkehrsmuseum – mit den Schrifttafeln Information auf engstem Raum.

von 1885 zu sehen, mit einem Preis von 42 000 Goldmark Anschauungsunterricht, was man an Prachtentfaltung eines Herrscherhauses selbst für einen nur selten benutzten Eisenbahnwagen für selbstverständlich hielt.

Unter den Modellen wie allerorten «Rocket» und der Nürnberg-Fürther «Adler», hier aber auch Professor Schuberts in Dresden-Uebigau 1838 gebaute «Saxonia». Aber weder hier noch in den Räumen 3 und 4 im Obergeschoß hat man sich auf die Historie beschränkt. Neben «erstem» stehen Modelle neuerer Entwicklung, neben der preußischen S 4 und der ersten Großdiesellok der Welt von 1912 zum Beispiel auch Modelle der E 94 und der DR 118 sowie moderner Reisezugwagen. Es sind Modelle von Brücken, vom Tunnelbau von Oberau und der Dresdner Bahnhöfe von 1902 zu erwähnen.

Für alle, die den Begriff Eisenbahn nicht allzu eng auslegen, empfehle ich nun noch einen Gang durch die Abteilung «Städtischer Nahverkehr» im Saal 7. Dort finden Sie Originalfahrzeuge, die auch des Eisenbahnfans Herz höher schlagen lassen. Zunächst ein Wagen der Dresdner Standseilbahn vom Körnerplatz in Dresden-Loschwitz zum «Weißen Hirsch» (vgl. Seite 49), danach eine «Trambahnlok» der Stadteisenbahn Forst und eine ebenfalls speziell für den Transport von Güterwagen auf Rollböcken vorgesehene elektrische Straßenbahnlokomotive der Städtischen Straßenbahn Meißen, die, 1900 erbaut, bis zu vier Normalspur-Güterwagen zu Industriebetrieben im Triebischtal transportierte.

Die Forster Trambahnlok steht für ein Schmalspurbahn-System, das von 1893 bis 1965 im Rollbockverkehr jährlich bis zu 200 000 t Güter und mehr durch die Straßen der Textilstadt bis in die Fabrikhöfe fuhr. Ein großer Teil davon war Kohle, die für die Energieerzeugung in den Betrieben benötigt wurde. Bis 1914 waren es 214 Firmen auf 80 Fabrikhöfen, die direkt beliefert wurden, und etwa 50 Eisenbahnwagen täglich, auf 24 km Streckenlänge mit 113 Weichen. Es gab Gleisbögen mit bis zu nur 15 m Halbmesser, und wegen des Stadtverkehrs einerseits und des Nichtvorhandenseins einer durchgehenden Bremse andererseits war die Höchstgeschwindigkeit auf 8 km/h, in scharfen Kurven auf 4 km/h festgesetzt. Die ausschließlich auf

in das Straßenpflaster eingelassenen Rillenschienen fahrenden «Trambahnloks» waren Zweikuppler, rundum verkleidet, um das Scheuen von Pferden zu verhindern.
Schließlich sehen Sie in der Schiffahrtsausstellung im Obergeschoß, Raum 5, noch einige Modelle zum Themenkreis Eisenbahnfährbetrieb auf der Ostsee.

Zwei Programme gilt es hier noch anzusprechen. Einmal das der Sonderfahrten von Traditionszügen, die seit Jahren auch in der früheren DDR sich großer Beliebtheit erfreuen. Die Angebote und die Termine sind von Jahr zu Jahr verschieden und werden jeweils bekanntgemacht.
Zum anderen ist auf die Museumsfahrzeuge hinzuweisen, die als technische Denkmäler nach einer vom Minister für Verkehrswesen der DDR 1975 erlassenen «Ordnung für Eisenbahn-Museumsfahrzeuge» museal in betriebsfähigem oder nicht betriebsfähigem Zustand erhalten bleiben. Der Tatbestand ist erfreulich, wobei allerdings zu fragen ist, warum zu so guter Tat die Anordnung eines Ministers notwendig ist und ob nicht Privatinitiativen ermutigt werden sollten, mehr als die verordneten Exponate zu erhalten oder gar aufzuarbeiten und damit in den musealen oder gar betriebsfähigen Stand (zurück) zu versetzen. Bedauerlich aber ist, daß der größte Teil dieser Fahrzeuge so remisiert ist, daß eine Besichtigung gar nicht oder nur mit großen Schwierigkeiten möglich ist, daß also der oft von weither kommende Eisenbahnfreund auf ganz bestimmte Fahrtage oder Ausstellungstage angewiesen ist.
In der Praxis sieht das so aus: Nie hatte ich eine sächsische «Fairlie» im Original sehen können. Nun, bei der Reise in die ehemalige DDR, bestand die Chance. Die 252 der Sächsischen Staatsbahn aus Reichenbach gehört zu den ministeriell verordneten Museumslokomotiven der DDR. Also fragten wir uns durch. Die Spur führte über Dresden nach Wernigerode. Von dort wurden wir nach Ilfeld am Südrand des Harzes verwiesen, in einem kleinen Bahnhof der Harzquerbahn ... Nach längerem Klopfen erbarmte sich ein Eisenbahner, der eigentlich zwischen den Zügen Pause hatte: Dort, ganz hinten, in dem kleinen Schuppen, da stände sie. Aber das sei nicht nur weit zu gehen,

vielmehr – Blick auf meine Kameras – fotografieren könne man in dem engen dunklen Schuppen sowieso nicht. Und wiederkommen lohne nicht, die Lok gehe demnächst nach Staßfurt.
So möchte ich einen Wunschzettel aufstellen, welche der derzeit nicht im Dresdner Museum ausgestellten Museumsfahrzeuge ich gern einmal sehen würde. Das sind in erster Linie diejenigen, die Seltenheitswert haben, vor allem die älteren unter ihnen, und natürlich sind es in der Mehrzahl nicht betriebsfähige Fahrzeuge, die nicht kommen, zu denen man einfach hin muß. Welche sind das?
Beginnen wir mit den normalspurigen Dampfloks. Da gibt es einige preußische Bauarten. Zunächst die 91 134, eine T 9^2 von 1898. Die 1'Cn2 wurde seit 1892 gebaut und galt damals mit 52,6 t Dienstlast als schwere Güterzugtenderlokomotive.

Abgestellte Dampflok 1'El' «Mammut» der ehemaligen Halberstadt-Blankenburger Eisenbahn.

Die T 3 (Baujahr 1902), entgegen der Regel mit Schlepptender, mit dem sie aber erst nach dem Zweiten Weltkrieg ausgerüstet wurde, als sie nach einigen Abenteuern als 89 6009 auf der Oderbruchbahn Dienst tat. Die T 3 war die erste betriebsfähige Museumslok der DDR und kann dank des Tenders auf längeren Strecken ohne Bekohlungs- und Wasserversorgungsanlagen eingesetzt werden.
Aus dem Jahr 1907 stammt die preußische G 7 Nr. 55 669, als Universal-Güterzuglokomotive geschätzt, die von 1893 bis 1909 gebaut wurde. Eine Dn2 mit 50 t Dienstmasse, gut 12 t Achsdruck und 50 km/h Höchstgeschwindigkeit.
Und als Aristokrat in dieser Reihe die S 10^1, Schnellzuglokomotive 2'C, als POSEN 1107 in Dienst gestellt, nach dem Krieg OSTEN 1135, dann zu Reichsbahnzeiten 17 1055. Die 2'Ch mit dem Vierzylinder-Verbundtriebwerk brachte 1500 PS auf die Schiene und erreichte eine Höchstgeschwindigkeit von 110 km/h. Die Länge ist 21 110 mm, das Dienstgewicht 83 t.
Sie hießen «Mammut», «Wisent», «Elch» und «Büffel», eine von ihnen, «Mammut», die 95 6676, wurde Museumslok. Die Harzbahn (später Rübelandbahn) wird an anderer Stelle beschrieben (vgl. Seite 160). Zu ihr gehört die schwere 1'E1'h2, Baujahr 1920. Sie vereinfachte den langwierigen und kostspieligen Zahnradbetrieb. Zu den Museumslokomotiven gehört noch ein weiteres Exemplar dieser Bauart, die 95 0027, preußische T 20 . . . und nicht zu vergessen die 01 1531 (Umbaulok) als Vertreter der letzten, leistungsfähigsten und schnellsten Dampflokomotiven. Die normalspurige «Günter-Meyer» 98 001 ist in 7800 Arbeitsstunden von der Arbeitsgemeinschaft Windbergbahn (vgl. Seite 50) aufgearbeitet worden. Sie wurde 1910 in 18 Exemplaren für die besonders krümmungsreiche Windbergbahn bei Dresden beschafft und ist die einzige normalspurige Drehgestell-Dampflok Deutschlands: B'B'n4v, für einen Kurvenradius bis 85 m, 540 PS. – Schließlich ist die schon oben erwähnte «Fairlie» 99 162 aufzuführen, 1000-mm-Spur, mit Umbau und Dach.
Unter den elektrischen Lokomotiven ist die E 77 10 zu erwähnen, eine Personenzug- und Güterzuglokomotive aus dem Jahre 1924. Eine (1'B)(B1')-Gelenklokomotive. Sie war für den

Güterzugdienst im Raum Halle–Leipzig bestimmt. In den beiden äußeren Teilen treibt je ein Motor über Blindwelle und Stangen zwei Achsen, ein Mittelteil wird von den beiden Laufgestellen getragen, und die drei Teile des Aufbaus sind durch Faltenbälge miteinander verbunden. Mit 16 m Länge, einer Dienstlast von 113 t und 1880 kW Stundenleistung - 65 km/h Höchstgeschwindigkeit - in ihrer Zeit ein Kraftpaket.
Daß aber noch eine erhebliche Steigerung möglich war, wurde bald darauf - 1927 - mit der E 95 bewiesen. Nur sechs Stück wurden von der längsten (20 900 mm) und schwersten (138,3 t) elektrischen Lokomotive der deutschen Eisenbahnen gebaut. Sie war für schwere Kohlenzüge und andere Güterzüge im Raum Breslau vorgesehen - auch eine Gelenklokomotive mit dem Achsbild 1'Co + Co1'. Jede Hälfte hatte also drei Motoren, die je eine Achse antrieben. Zur Mitte eingezogen waren die beiden Führerstände, vor denen in ganzer Höhe, aber schmaler, die Haupttransformatoren angeordnet waren. Mit einer Stundenleistung von 2778 kW wurden Züge von bis zu 2700 t bewegt.
Wer erinnert sich nicht des «Fliegenden Hamburgers», der in den dreißiger Jahren die kurze glanzvolle Periode der Schnelltriebwagen einleitete, welcher der Krieg ein jähes Ende setzte? Nachdem er nach dem Zweiten Weltkrieg weitgehend der Regierung zur Verfügung stand, ist er seit 1970 betriebsfähig zu erhaltendes Museumsfahrzeug mit der Nummer 183 252.
Weniger bekannt sind drei Schmalspurtriebwagen, die als Museumsfahrzeuge erhalten werden. Da ist zunächst der VT 137 322, letzter von vier Dieseltriebwagen für die Schmalspurstrecke von Zittau nach Oybin und Jonsdorf (vgl. Seite 80), die 1938 beschafft wurden, um die Fahrt ins Zittauer Gebirge zu beschleunigen und komfortabler zu machen. Je zwei fuhren gemeinsam nach Bertsdorf und von dort allein über die weiteren Streckenabschnitte nach Oybin und Jonsdorf. Als nach dem Krieg nur noch ein Triebwagen existierte, beschaffte man passende Beiwagen und praktizierte ein verwirrendes System. Abwärts ging es mit drei Beiwagen, bergwärts konnte nur einer angehängt werden, und die anderen wurden vom Dampfzug mitgenommen. Die Achsfolge ist B'2', der 135-kW-Dieselmo-

tor treibt über ein hydraulisches Getriebe die äußere Achse des Triebdrehgestells an, die über Kuppelstangen mit der zweiten Achse verbunden ist. Der Wagen ist 14 860 mm lang, wiegt 21 t und hat eine Höchstgeschwindigkeit von 45 km/h.
Nur als Einzelfahrzeug konnte dagegen der zweiachsige Triebwagen der Gernrode-Harzgeroder Eisenbahn von 1933 verwendet werden. Er wird als VT 133 522 als Museumsfahrzeug geführt, bei der DR trug er zuletzt die Betriebsnummer 187 001: nur 8,70 m lang, Spurweite 1000 mm, 12 t schwer, mit 65/70 PS Motorleistung und einer Höchstgeschwindigkeit von 40 km/h.
Den Abschluß bildet noch ein Triebwagen, der im Harz verkehrte. Der VT 137 566, Baujahr 1939, ein «überaus starker Personentriebwagen» mit Gepäckabteil, diesel-elektrischem Antrieb mit einem 360-kW-Dieselmotor und vier Fahrmotoren in beiden Drehgestellen, so bemessen, daß vier vierachsige Personenwagen gezogen werden konnten. Bei der DR erhielt er die Nummer 187 025. Der Wagen ist 15 600 mm lang und hat ein Gewicht von 34,5 t (vgl. Seite 154).
Hoffen wir, daß bald eine Möglichkeit gefunden wird, diese und andere Museumsfahrzeuge jederzeit besichtigen und möglichst oft mit ihnen fahren zu können.

Leipzig, Bayrischer Bahnhof

Zugegeben, der erste Eindruck war niederschmetternd. Verlassene Gleise – auf dem äußeren die Reste vor langen Jahren ausgemusterter Dampflokomotiven, ein paar abgestellte Doppelstockwagen, vernachlässigte Gebäude und der «Porticus» mit abgefallenem oder abgeschlagenem Putz. Allerdings eingerüstet, was die Hoffnung dokumentiert, daß sich hier etwas zum Guten wendet.
Der Bayrische Bahnhof in Leipzig ist eine absolute Einmaligkeit der Eisenbahngeschichte (so daß ich ihn am liebsten für das Guinness-Buch der Rekorde vorschlagen möchte): der älteste noch erhaltene Kopfbahnhof der Welt. Nur vier ältere noch erhaltene Bahnhofsgebäude soll es geben, darunter das restaurierte Empfangsgebäude Niederau an der Strecke Leipzig–Dresden (vgl. Bild Seite 48).
Dazu muß gesagt werden, daß die ersten Bahnlinien – Verbindungen zwischen wichtigen verkehrsträchtigen Punkten wie Groß- und Residenzstädten – ohne Zusammenhang mit anderen Strecken geplant wurden. Der Idee eines Eisenbahnnetzes, wie es Friedrich List propagierte, waren die Interessen der verschiedenen Gesellschaften, die ihre Bahn und ihre Bilanz in den Mittelpunkt des Erwerbsstrebens stellten, oft entgegengesetzt. Wenn es auch in Deutschland nicht wie zum Beispiel in den USA zu konkurrierenden parallel verlaufenden Eisenbahnlinien zwischen denselben Städten kam, so ist es doch typisch, daß, wie in Berlin und Leipzig, die einzelnen Gesellschaften ihre Bahnen aus der jeweiligen Richtung an die Stadt heranführten und eine ganze Reihe von Kopfbahnhöfen entstand, so in Leipzig der Dresdner Bahnhof, der Magdeburger Bahnhof, der Bayrische Bahnhof, der Thüringer Bahnhof, der Berliner Bahnhof und der Eilenburger Bahnhof. Selbst wo mehrere dieser Bahnhöfe beieinander lagen, war der Übergang von Wagen wegen unterschiedlicher Kupplungen und Stoßeinrichtungen nicht möglich. Erst mit der Vereinheitlichung des rollenden

Materials wurden zentrale Bahnhöfe als Übergabestellen sinnvoll, und die frühen Bahnhöfe sind damals meist aufgegeben worden. Daß dieser Prozeß durch die Ablösung von Einzelgesellschaften durch Staatsbahnen erheblich gefördert wurde, ist selbstverständlich. So kam es in Leipzig 1902 bis 1915 zum Bau des Hauptbahnhofes.

Daß uns der Bayrische Bahnhof erhalten blieb, ist dem Umstand zu verdanken, daß die Gleisanlagen und Gebäude auch heute noch als Bahnhof benutzt werden. Er dient in erster Linie dem Berufsverkehr aus der Richtung Borna–Altenburg, und es besteht die Aussicht, daß in Zukunft die angestrebte museale Nutzung sich mit der Abwicklung des Alltagsverkehrs verbindet und damit ein sich gegenseitig befruchtendes Miteinander entsteht.

Fortsetzung auf Seite 114

Leipzig, Bayrischer Bahnhof. Das alte Portal wird restauriert.

Bayerischer Bahnhof in Leipzig: Grundriß der Gesamtanlage

Diese historische Darstellung gibt eine Übersicht, was in der Mitte des vorigen Jahrhunderts zu einem Bahnhof gehörte und wie die Organisation erfolgte.
Während die ersten Bahnhöfe nur aus Bahnsteigen und behelfsmäßigen Wartehallen bestanden und sich alles Weitere mehr oder weniger improvisiert ergab, haben wir hier einen Bahnhof mit allen seinen Einzelteilen – der Erbauer hat sauber den Betriebsablauf geplant und das so vorausschauend, daß spätere kostspielige Aus- und Umbauten vermieden werden konnten. Damit sind dieser und der folgende Grundriß eine umfassende Schilderung der Eisenbahnwelt um 1850.
In der linken Bildhälfte steht die «Personenhalle» mit vier durchlaufenden Gleisen, dem Hauptfahrgleis für ankommende Züge (d), dem Maschinengleis (zum Umsetzen der Lokomotiven = f), einem Reservegleis (g) und dem Hauptgleis für die ankommenden Züge (e). Dem Grundsatz der Trennung von ankommendem und abgehendem Verkehr entsprechend ist der ganze Komplex organisiert, mit den Abfertigungs- und Aufenthaltsräumen, die aus dem Grundriß auf der Seite 112/113 zu sehen sind, den Ein- und Ausgängen b¹ und b² – nur der Ladeplatz für Vieh und Equipagen (1x, welche Zusammenstellung in der Zeit der Monarchie!) hinter der Drehscheibe fällt aus diesem Rahmen. Dort kann man über die Schmalseite auf die Plattformwagen fahren.

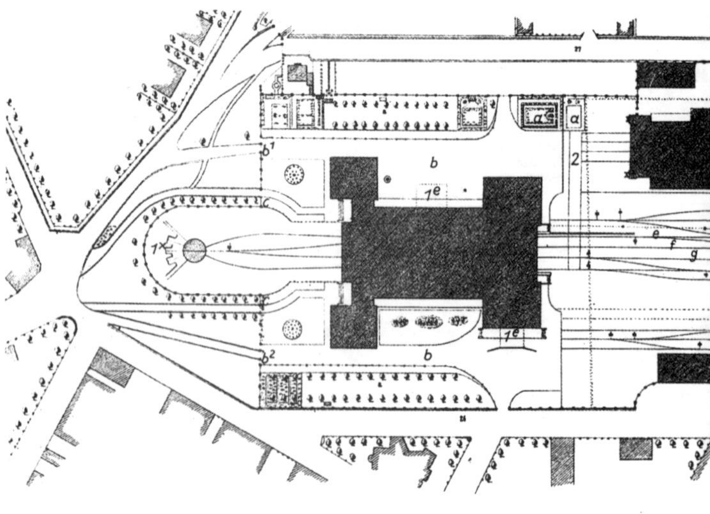

Die Anlagen für den Güterverkehr befinden sich vorn (in der Blickrichtung des Betrachters), wieder in Ankunft und Abgang (22) getrennt mit der dazwischen liegenden Brückenwaage (24) und dem Kran für Schwergut.
Es mag an den Platzverhältnissen liegen, daß die Wagen auf dem Wege zur direkt neben dem Bahnhof liegenden Wagenhalle seitlich verschoben werden (2). Die schwereren Lokomotiven erreichen mit eigener Kraft die an den äußeren Seiten des großen und stark gegliederten Werkstattkomplexes liegenden Heizhäuser, für sechs Lokomotiven links etwas länger, für vier rechts etwas kürzer. Wir erkennen sie daran, daß hier je zwei Gleise in den Gebäudekomplex führen. Aus gesundheitlichen Gründen für die Mitarbeiter wird man die Lackiererei (19) ausgegliedert haben. 16 und 17 bezeichnen die eigene Gasanstalt und den Gasometer, 20 und 21 Kesselhaus und die Reparaturwerkstätte für Güterwagen. Nr. 18 ist das Magazin für Putzwolle.

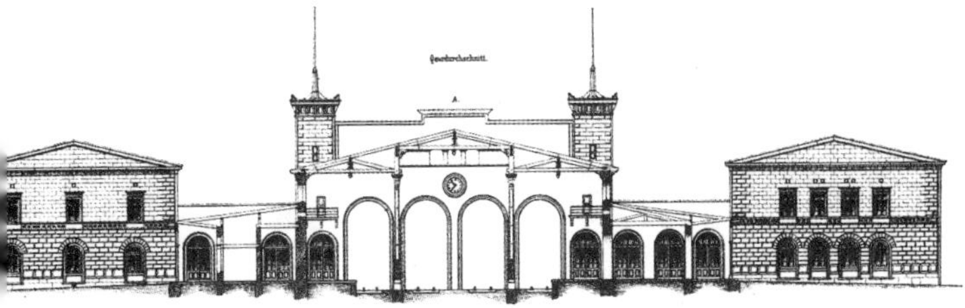

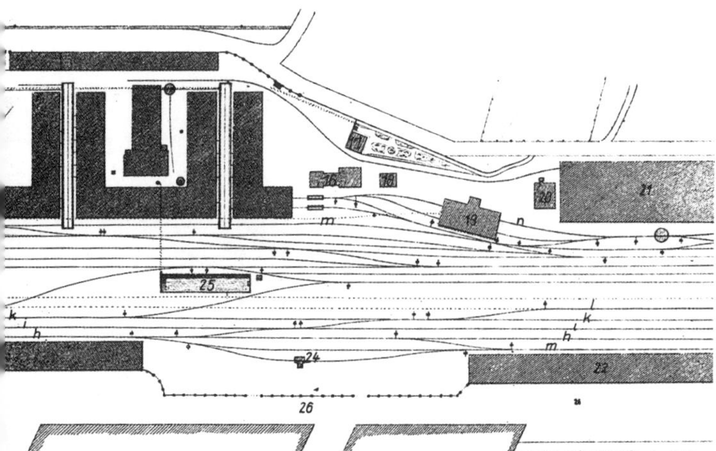

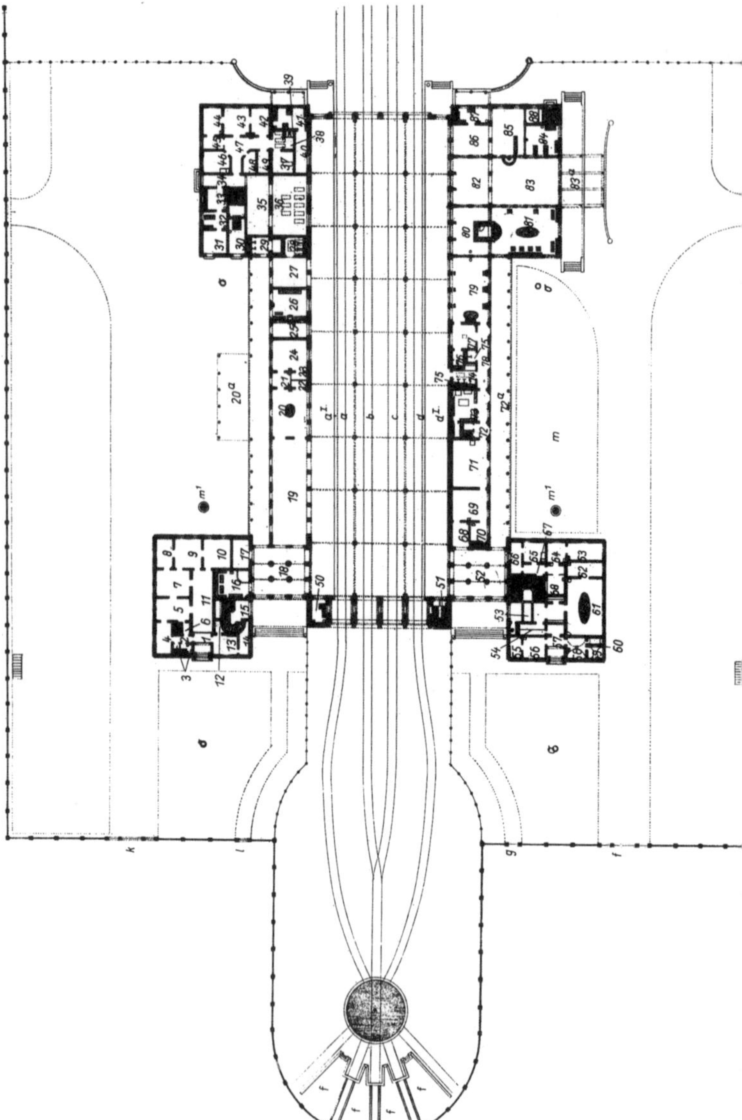

Bayerischer Bahnhof in Leipzig: Situation und Parterre-Grundriß der Personenhalle mit Seitenflügeln

1–4, 12–14 Räume der Portierwohnung
6 Kellertreppe zur Portierwohnung
5, 7, 8, 9, 10 Expeditions-Lokale der Hauptwirtschaftsverwaltung
11 Magazin
17 Vorplatz
16 Raum für deponiertes Gepäck
15 Haupttreppe zur Wohnung des Betriebs-Oberinspektors
18 Vorhalle, auch als Passage für ankommende Reisende
19 Gepäck-Ablieferungshalle
20 Wartesaal für das ankommende Reisende erwartende Publikum
20a Bedeckter Gang
20b Unterfahrt
21, 22 Reserve-Buffet-Räume
23 Kabinett (gehört zu 24)
24 Wartesalon für hohe Herrschaften, welche die Ankunft hoher Personen erwarten
25 Zimmer für Ober-Schaffner
26 Zimmer für Schaffner
27 Passage für ankommende Reisende
28 Abtritt für Damen
29 Abtritt für Herren
30 Nachtwächter- und Bremser-Lokal
31, 32, 33 Ingenieur-Büro
34 Hausflur
35, 36 Magazin für Bahnhofsinspektion
37–39, 42–49 Wohnung des Bahnhofsinspektors

40 Korridor
41 Expeditionszimmer des Bahnhofsinspektors sowie Bahn-Telegraphen-Büro
50 Wachlokal
51 Treppe zur Bahnhofs-Uhrkammer und zu den oberen Turmräumen
52 Vorhalle, zugleich Passage für abgehende Reisende
53 Treppe zu den im ersten Stock befindlichen Direktions-Expeditions-Lokalen
54 Abtritte
55–62 Kontroll- und Billett-Stempel-Büro
63–68 Wohnräume eines Bürodieners
68a Vorraum mit Wärmflaschen-Heizapparat
69–71 Wohnräume des Restaurateurs
72 Treppe zu den zur Restauration gehörenden Entresol- und Souterrain-Räumen
72a Bedeckter Gang
73 Küche des Restaurateurs
74, 76 Abtritte für Herren
76a Klosettraum zu dem daneben liegenden Warte-Salon für hohe Herrschaften
75 Abtritte für Damen
77 Warte-Salon für hohe Herrschaften
78 Korridor
79 Wartesaal für Reisende I. und II. Klasse, zugleich Speisesaal
80 Buffet-Zimmer
81 Wartesaal für Reisende III. Klasse sowie Restaurationssaal

82, 83 Vestibül
83a Unterfahrt
84 Billett-Büro
85 Gepäck-Annahme
86 Gepäck- und Eilgut-Depot
87 Gepäck- und Eilgut-Expedition
88 Kofferträger-Zimmer
89 Treppe zur Wohnung des Kassendieners im oberen Stock

a Gleis für ankommende Personenzüge
a[1] Bedeckter Perron
b Maschinengleis
c Reservegleis
d Gleis für abgehende Züge
d[1] Bedeckter Perron
e Große Drehscheibe für Lokomotiven nebst Tender
ff Rampen zum Auf- und Abladen von Vieh und Equipagen
g Pforte für Abreisende
h Tor für Abreisende
i Einfahrtstor für Fuhrwerk, welches ankommende Reisende erwartet
k Ausfahrtstor für Fuhrwerk
l Pforte für ankommende Reisende
m Gartenanlagen
m[1] Brunnen
n Ausfahrtstor für Fuhwerk, welches Abreisende transportierte
o Senkbrunnen

Bisher verlangten die Denkmalbehörden eine originalgetreue Rekonstruktion der Gebäude – wenn überhaupt. Seit 1989 ist der Bayrische Bahnhof in Leipzig Gegenstand einer vielleicht richtungsweisenden Zusammenarbeit von Eisenbahnfreunden aus Ost- und Westdeutschland. In München entstand parallel zum Leipziger «Verein Eisenbahnmuseum Bayrischer Bahnhof zu Leipzig» der Verein «Freunde des Bayrischen Bahnhofs in Leipzig», der es sich zur Aufgabe gestellt hat, Spenden und Ideen für das gemeinsame Projekt zu mobilisieren. Eine aufrüttelnde Ausstellung hat es im April 1990 in München gegeben. Die Vereinsgründer weisen darauf hin, daß schon beim Bau der Strecke von Leipzig nach Nürnberg und auch des Bahnhofs das Zusammenwirken von privaten Investitoren mit dem Staat notwendig war, das Werk zu vollenden. Daß man noch ein bißchen nebeneinander her arbeitet, zeigt die Tatsache, daß er bei Freunden der Eisenbahngeschichte «Bayrischer Bahnhof» heißt, während das Kursbuch der Deutschen Reichsbahn ihn als «Bayerischer Bahnhof» führt.

Es ist ratsam, die Entstehungsgeschichte des Bahnhofs in ein paar andere Eisenbahn-Daten einzubetten:

- 1835 fuhr die erste deutsche Eisenbahn,
- 1837/39 die erste deutsche Ferneisenbahn zwischen Leipzig und Dresden.
- 1840 folgte die zweite deutsche Ferneisenbahn Leipzig–Halle–Magdeburg. (Berlin wurde erst in den vierziger Jahren Zentrum weiterer Fernbahnen: 1841 nach Wittenberge – 1846 dann weiter nach Schwanheide und Hamburg, 1843 nach Stettin, 1846 nach Magdeburg.)
- 1841 wurde zwischen den Regierungen von Sachsen, Sachsen-Altenburg und Bayern ein Staatsvertrag betreffend den Bau einer Eisenbahnlinie von Leipzig nach Nürnberg geschlossen,
- im selben Jahr wurde die «Sächsisch-Baierische Eisenbahn-Compagnie» gegründet,
- 1842 wurde mit dem Bau des Bayrischen Bahnhofs in Leipzig begonnen. Das erste Stück der Strecke zwischen Leipzig und Altenburg konnte in Betrieb genommen werden,

- 1844 wurde das Empfangsgebäude des Bayrischen Bahnhofs fertiggestellt, und erst
- 1851 war der durchgehende Zugverkehr von Leipzig nach Nürnberg möglich, die letzte Lücke zwischen Reichenbach und Plauen wurde durch die Göltzschtalbrücke und die Elstertalbrücke (s. Seite 54) geschlossen.

Schon Friedrich List hatte diese Bahn propagiert. Dabei hatte er die Verbindung der politischen Schwerpunkte Bayern und Preußen – Berlin und München – genannt, aber auch die wirtschaftlichen Aspekte als wesentlich bezeichnet. So erwähnte er als Beispiel die Möglichkeit, die Überschüsse des landwirtschaftlich ausgerichteten Bayern («wo Mehl, Fleisch und andere Lebensmittel um 50 bis 100 Prozent niedriger stehen als in Leipzig») billig zum Vorteil aller Beteiligten in die industriellen Gebiete Sachsens zu bringen.

Leipzig, Bayrischer Bahnhof. Auf dem Abstellgleis eine Reihe alter Dampflokomotiven.

Der Bayrische Bahnhof in Leipzig wurde von Christian August Eduard Pötzsch (1803–1889) erbaut, der zuvor schon den Dresdner Bahnhof in Leipzig errichtet hatte. Anfangs hatte man an den Endpunkten der Bahnen nur Schutzhallen für die Züge und Passagiere aufgestellt. Hier wurde nun erstmalig ein Bahnhof großzügig und funktionell geplant, so, daß die ursprünglichen Formen sich bis heute erhalten konnten. Abfahrts- und Ankunftsgleis waren bestimmt und die Räume für die Passagiere und die Verwaltung diesen zugeordnet. Zwischen dem Abfertigungs- und Ankunftsgebäude wurden vier Gleise von einer Dachkonstruktion überspannt, die 1950 abgebrochen und zum Bau einer Bahnsteighalle für den Eisenbahnring um Berlin verwendet worden ist. Da war aber der Bayrische Bahnhof schon lange nur mehr von lokaler Bedeutung, den Fernverkehr hatte der Leipziger Hauptbahnhof übernommen, zur Zeit seiner Erbauung der größte Bahnhof Europas und auch heute noch, nach dem Bombeninferno in alter Form wieder aufgebaut, mit 30 Gleisen, einer 200 × 295 m großen Halle, etwa 700 Zügen pro Tag und rund 40 Millionen Reisenden jährlich einer der bedeutendsten. An seiner Ostseite ist übrigens der Platz, an dem der erste Leipziger Bahnhof, der «Dresdner» als Ausgangspunkt der ersten deutschen Ferneisenbahn stand. Der Grundstein des alten Dresdner Bahnhofs wurde als Schlußstein des Hauptbahnhof-Gebäudes in die linke Empore der östlichen Empfangshalle eingesetzt.

Waldeisenbahn Muskau

Die «Waldbahn» war eine Landwirtschafts- und Industriebahn, die gar nicht zum Transport von Personen gedacht war, wie es damals üblich war und noch heute ist. Die Nachfolger des durch seine Leidenschaft für englische Parkanlagen bekannten Fürsten Hermann Pückler, der sich mit dem Schloßpark von Muskau übernahm und verkaufen mußte, hatten in der Standesherrschaft Muskau ein den Verhältnissen des 19. Jahrhunderts entsprechendes und florierendes Industrie-Imperium aufgebaut, wobei zwischen den einzelnen Abbaustätten und Betrieben – Kohlengruben und Brikettfabrik, Schneidemühlen, Tongruben, Ziegelei und Glashütten, Holzverkohlungsanstalt, Schleifmühlen und Papierfabrik – erhebliche Transportaufgaben anfielen, sei es, Rohmaterial und Kohle zur Erzeugung der nötigen Energie heranzukarren, sei es, Halbfabrikate zwischen den einzelnen Produktstätten zu befördern oder die fertigen Produkte zum Bahnhof Weißwasser zu bringen, von wo die inzwischen gebaute Regelspurstrecke Berlin–Görlitz sie auf die Märkte beförderte. Man wählte die 600-mm-Spur, legte zum Holzeinschlag und Torfabbau «fliegende» Gleise, was sich letztendlich billiger stellte, als auf Kosten der Standesherrschaft Straßen zu bauen.

1895 war das Geburtsjahr der Waldeisenbahn Muskau. Sie erhielt den Status einer «Privaten Bahn des allgemeinen, jedoch nicht öffentlichen Verkehrs». Innerhalb von drei Jahren entstanden 50 km «Hauptstrecken» und die erste Lokomotive «Graf Arnim» wird derzeit bei der Pioniereisenbahn Cottbus aufgearbeitet.

Ein schwacher Punkt des ganzen Unternehmens war die Durchfahrt durch den Ort Weißwasser. Gegner der Bahn spielten mehr oder weniger berechtigte Klagen über Belästigungen und Gefahren immer wieder hoch. Die Presse war voll von Klagen, wie der nachstehende Bericht zeigt: «Unser Schmerzenskind. Heut vormittag um elf Uhr kam, wie uns ein Augenzeuge

schreibt, die gräflich Arnim'sche Kleinbahn von der Bautzener Straße heruntergesaust. Der Grund hierfür war die nachfolgende grenzenlose Belastung der Maschine. Der Zug bestand aus drei Wagen Langholz, jeder 8 Meter lang, 1 Wagen Pappeln, 24 Wagen Sand und 3 leeren Kastenwagen. Der ganze Zug war an die 100 Meter lang. Bis zur Brücke kam der Zug durch die eigene Schwere, dann begann die Maschine mit aller Kraft zu arbeiten, um die Last über die kleine Erhöhung zu ziehen. Doch vergebens, der Zug riß in der Mitte entzwei; polternd fielen die Balken des letzten Wagens Langholz zur Erde, dadurch die Bahnhofstraße sperrend. Die gräfl. Verwaltung hat wirklich Glück, denn nur so ist der Zufall zu bezeichnen, der gerade an der belebtesten Stelle unseres Ortes den Zwischenfall ohne Unfall erfolgen ließ.»
Pferde scheuten, es gab Anordnungen, im Ort keine neue Kohle aufzulegen, um die Rauchentwicklung zu mindern, man fuhr Schrittempo und schickte einen Mann mit einer Glocke voraus – dann wurde der Eisenbahnbetrieb im Ort bis auf Überführungsfahrten von Rollmaterial eingestellt, und die Muskauer Waldeisenbahn zerfiel 1933 endgültig in zwei Teile, zwischen denen umständlich durch Lkw die Verbindung aufrecht erhalten wurde. Die Lokomotivliste umfaßt allein 18 Dampflokomotiven, Bauart B, C, C1 und D, der Bestand an Güterwagen war etwa 550 und lag nach dem Zweiten Weltkrieg noch über 400. Die übergroße Mehrzahl der Wagen waren Vierachser mit einer Ladefähigkeit von 5 Tonnen.
Nach 1945, als der Straßenverkehr darniederlag, wurde provisorisch ein Personenverkehr zwischen Muskau und Weißwasser auf der Waldeisenbahn eingerichtet, der nur von kurzer Dauer gewesen sein soll, da einige Wagen wegen einseitiger Belastung umstürzten. Das Ende der «Standesherrschaft» (später Graf Arnimsche Stiftung Muskau) schuf neue Gesetz- und Betriebsverhältnisse. Mit der Stillegung, die sich bis 1978 hinzog, übernahmen interessierte Betriebe einzelne letzte Teilstrecken.

Auf den letzten Gleisen der Waldbahn verkehrt heute der Traditionszug der Arbeitsgemeinschaft Waldeisenbahn Muskau (WEM) – Anschrift 7580 Weißwasser, Postfach 1 – mit Sonder-

fahrten für Eisenbahnfreunde, Schulklassen und alle anderen Gruppen von Interessierten.
Das zwölf Kilometer lange Gleis von der Ziegelei Weißwasser zum Tonschacht bei Mühlrose kann als «Tonbahn» bezeichnet werden. Rund um Weißwasser geht es, und der zweimalige Richtungswechsel zeigt, daß die Strecke Teil eines früheren Stück um Stück erbauten Netzes ist, mit stillgelegten Abschnitten zu stillgelegten oder umgewidmeten Produktionstätten – ein Stück anschauliche Wirtschafts- und Industriegeschichte, wobei nur bedauert werden kann, daß es der Arbeitsgemeinschaft bisher nicht gelungen ist, einen festen Fahrplan einzurichten. Gesteigerter Besuch würde es sicher lohnen. Und es ist auch zu wünschen, daß bald wieder unter Dampf gefahren werden kann. Ein Stück ehemalige Grubenbahn zum Transport von Braunkohlen zwischen Tagebauen und Brikettfabrik wurde von 900 mm auf 600 mm Spurweite umgebaut.
Der alltägliche Werksverkehr wird mit zwei 100-PS-Dieselloks abgewickelt. Der Arbeitsgemeinschaft stehen – rollfähig – zwei Dampflokomotiven Bn2t und Dn2t zur Verfügung, die neben vielerlei anderen Relikten aus der großen Zeit der Waldeisenbahn Muskau in Weißwasser zu sehen sind.

Spreewald-Museum Lübbenau

Spreewälder Gurken und Spreewälder Ammen waren im alten Berlin hoch geschätzt. Um beides frisch in die Reichshauptstadt zu bringen, hatte man die Spreewaldbahn. Es empfiehlt sich den vieltausend Besuchern, die an jedem schönen Tag in Lübbenau die Spreewälder Trachten bewundern und sich zu einer Bootsfahrt durch die Kanäle einschiffen, auch einen Blick in das nahe beim Anlegeplatz gelegene Spreewald-Museum zu werfen, insbesondere in die Eisenbahnhalle, welche die letzten Reste der Spreewaldbahn birgt.
Prunkstück ist die Lokomotive «Cottbus», Nr. 99 5703 der DR, Nr. 03 der Lübben-Cottbuser Kreisbahnen, dann 09-22 der Brandenburgischen Landesbahn, Baujahr 1897, Hersteller Hohenzollern AG Düsseldorf-Grafenberg, wie sie damals in größerer Zahl für Kleinbahnen gebaut wurden. Sie war Teil einer Serie von fünf gleichen Lokomotiven für die Lübben-Cottbuser Kreisbahnen, die 1899 und 1903 durch zwei weitere ergänzt wurden:

Bauart Cn2t
Spurweite 1000 mm
Rad Durchmesser 900 mm
Länge über Puffer 6 600 mm
Höchstgeschwindigkeit 35 km
Rostfläche 0,7 m^2
Verdampferheizfläche 34,9 m^2
Zylinder Durchmesser 300 mm
Kolbenhub 400 mm
Dienstmasse/Reibungsmasse 20 t
Wasservorrat 2,4 m^3
Kohlenvorrat 1,0 t

Die Lokomotiven waren mit Seilhaspeln für die Heberlein-Bremse ausgerüstet. Daneben gab es eine Mallet, die gebraucht gekauft worden war und als Baulok diente, und später, als die

Bahn ums Überleben kämpfte und um jeden Preis Kosten gespart werden mußten, einen Benzol-Triebwagen, der zeitweise den hochtrabenden Namen «Fliegender Spreewälder» führte. Im Museum ist auf dem gleichen Gleis ein Personen-Post-Wagen zu sehen. Viele kleinere Exponate und Dokumente geben einen Überblick über die Geschichte der Bahn.

Die Spreewaldbahn war ein Beispiel, wie man durch die Anlage einer Eisenbahn eine wirtschaftlich benachteiligte Region an die große Welt anschließen und ihren Bewohnern die Chance geben wollte, wirtschaftliche Benachteiligung zu überwinden. «Bewilligen wir die Hergabe nicht», so hatte Landrat von Wackerbarth die Finanzvorlage begründet, «... dann bleibt die Welt hinterm Spreewald weiter mit Brettern vernagelt.»

Die Initiative für den Bau der Bahn war von Graf von Schulenburg aus Lieberose ausgegangen, der sich den Vorteil versprach, sein Eigenschlagholz billig abtransportieren zu können. Auch ein weiterer Großgrundbesitzer aus Straupitz erklärte sich bereit, zum Bahnbau kostenlos Gelände abzutreten, doch machte man Auflagen von der Linienführung bis zur Errichtung von Verladeanlagen an bestimmten Stellen.

Gegner des Bahnbaus befürchteten ein Ansteigen der niedrigen Löhne, wenn die Arbeiter nach Cottbus und Lübben ausweichen könnten, und ein Umsichgreifen sozialdemokratischer Strömungen, wenn die Landschaft aus ihrer Isolierung entlassen würde. Und logischerweise versagten die Grundbesitzer aus dem Landkreis Cottbus auch jegliche Unterstützung.

Man wählte die Spurweite 1000 mm, nachdem die Aufsichtsbehörde sich auf den Standpunkt gestellt hatte, auf der 750-mm-Spur sei kein sicherer Rollbockbetrieb (auf den es hier ankam) möglich.

Aus einer breit angelegten Planung wurden nur einige wenige Linien realisiert, denn es ergab sich durch die Errichtung von Molkereien, Ziegeleien und Mühlen wohl der erwartete Effekt, aber dieser blieb doch erheblich hinter den Erwartungen zurück. Lediglich die Marktzüge nach Cottbus, zu denen es verbilligte Fahrkarten gab, waren stets überfüllt – bis 200 Personen

Das Prunkstück des Museums, die Lok Nr. 99 5703 der Deutschen Reichsbahn.

K337

mit Kiepen stiegen in Werben und Briesen zu, und es mußten spezielle «Marktwagen» mit extrabreitem Türraum beschafft werden. Trotzdem waren die finanziellen Ergebnisse der «Lübben-Cottbuser Kleinbahnen», ab 1923 «Spreewaldbahn AG», meist unbefriedigend und führten zu beinahe grotesken Sparmaßnahmen. Man kann eben auch ein Unternehmen «kaputtsparen», bei Eisenbahnen zum Beispiel durch eine Ausdünnung der Zugläufe, und daß jede Art von Verkehr – ob Straße, Schiene, Luft oder Wasser – in irgendeiner Weise zu Lasten der Allgemeinheit geht, das hat sich erst in unseren Tagen herumgesprochen.
Die Einstellung des Sonntagsverkehrs ließ den Fahrrad- und Fuhrwerksverkehr wieder aufleben, wie man überhaupt in Krisenzeiten das Fahrrad der Bahn vorzog, zumal zitiert wird: «Die Wagengestellung erfolgt .... nach allzu sparsamen Gesichtspunkten, so daß recht oft zur Personenbeförderung der Viehwagen benutzt werden muß, wobei die Reisenden in lästiger Weise der Zugluft ausgesetzt sind.»
Übergangsbahnhöfe zur Normalspurbahn mit Vorrichtungen für den Rollbockverkehr waren ab 1898 Lieberose Anschlußbahnhof (später Jamlitz), Lübben Anschlußbahnhof, und ab 1899 Cottbus Anschluß. Schließlich gab es ab 1905 in Goyatz einen Hafen mit Verladeeinrichtungen Bahn/Schiff, mit dessen Errichtung unter anderem die Erwartung verbunden war, mit der Bahn herangeschaffte Kohle aus dem Spremberger Revier auf den Wasserweg nach Berlin und Stettin zu verladen.
Es wurde eine Reederei gegründet, zwei Dampfschiffe mit Namen «Lübben» und «Cottbus» befuhren einmal wöchentlich die Kurse Goyatz–Hamburg und Goyatz–Stettin.
Die Spreewaldbahn scheint eine ziemlich gemütliche Eisenbahn gewesen zu sein, wie Harald Großstück berichtet: «Der Fahrdienst wurde in dieser Zeit (1929) recht lose gehalten. So kam es vor, daß während der Sonderzugfahrt die Reisenden an das Personal einen Schnaps oder Zigaretten ausgaben, wenn sie zu den Burger Heimatfestspielen bzw. zu den Kirchgängen fuhren. Nachtzüge verkehrten nicht nach Fahrplan weiter, weil das Zugpersonal in der Bahnhofsschenke zum Tanz einkehrte. Die Reisenden hatten mitzugehen oder zu warten. Es kam auch vor,

daß Güterwagen noch nicht fertig be- bzw. entladen waren. Dann gab der Händler ein oder zwei Schnäpse aus, um das Standgeld zu sparen, und der Zug, oft waren es Personenzüge mit Güterbeförderung, mußte warten, bis alles fertig war. Dafür konnte das Zugpersonal z. B. soviel Gurken mitnehmen, wie es tragen konnte. Die Beschwerden der Reisenden bestanden damit oft zu Recht. Wurden Hasen während der Fahrt, vor allem nach Lieberose, überfahren, so sammelten die Lokführer diese bei der Rückfahrt ein, um sie zum Braten mit nach Hause zu nehmen.»

Es ist kaum anzunehmen, daß es an mangelnder Disziplin des Personals lag, wenn am Ende die Kostendeckung nur 20 Prozent betrug und der Kraftverkehr der Spreewaldbahn das Überleben sauer machte. Schließlich läuteten auch hier – dem Zug der Zeit entsprechend – die Abschiedsglocken. Am 3. Januar 1970 fuhr der letzte Zug.

Der größte Teil der Fahrzeuge wurde verschrottet, sieben Wagen gingen – zum Hilfszug umgebaut – als Spende nach Vietnam, die Lokomotive 99 5633 bereichert als «Spreewald» die Museums-Eisenbahn Bruchhausen-Vilsen.

Das Spreewald-Museum ist vom 1. Mai bis Mitte Oktober täglich (außer Dienstag) von 9 bis 17 Uhr geöffnet. Der Eintrittspreis beträgt für Erwachsene 3 DM, für Rentner und Studenten 1,50 DM, für Kinder 0,50 DM. Führungen sind nach telefonischer Absprache (Tel. 2472) möglich, für alle Objekte des Museums 30 DM.

Kyritzer Waldeisenbahn

In Kyritz, der Stadt der Seen und der Wälder – westlich von Neuruppin – wurde anläßlich der 750-Jahr-Feier der Stadt eine «Liliputbahn» mit 500 mm Spurweite in Betrieb genommen. Sie ist das Ergebnis intensiver Beschäftigung der Arbeitsgemeinschaft mit dem Thema Feldbahn (kommt die Bezeichnung aus der Landwirtschaft oder vom Militär?) und des Sammelns von Relikten von Ziegelei-, Feld-, Forst- und Industriebahnen aller Art.

Zwei Diesellokomotiven ziehen Ofenwagen, in denen dereinst Rohziegel zum Ofen und fertige Ziegel weiter transportiert wurden, die dann mit Federung und Sitzen für je vier Erwachsene versehen wurden – und einer davon mit einem Sitz für den Zugbegleiter mit Bremseinrichtung. Die beiden Lokomotiven stammen vom VEB Lokomotivbau Babelsberg (Jahrgang 1954). Der Einzylinder-Viertakt-Dieselmotor leistet 10 PS, das ergibt 500 kg Zugkraft im ersten, 230 kg im zweiten Gang mit 4 bzw. 8 km/h.

Feldbahnen mit schmaler Spur und leichten Fahrzeugen gab es in der Landwirtschaft, um die Früchte des Feldes abzufahren, im Forstbetrieb, wo es besonders darauf ankam, die Gleise schnell und einfach auf- und abzubauen, zum Fortschaffen von Bodenschätzen über und unter Tage und in Industriebetrieben.

Die Arbeitsgemeinschaft sieht sich in der Tradition zweier großer Schmalspurnetze, der pommerschen Schmalspurbahn mit Zentrum Anklam, die bis 1969 zeitweise 200 km Streckenlänge befuhren, und der Muskauer Waldeisenbahn, die auf Seite 117 beschrieben ist.

Aus der Umgebung der Kreisstadt Kyritz ist die Existenz einer ganzen Reihe solcher Bahnen bis in die vierziger Jahre überliefert. Die Aktenlage ist spärlich, und man bemüht sich, von den letzten Augenzeugen Berichte festzuhalten. Die bekannteste war die Zichtower Ochsenbahn, so genannt, weil zwischen Barenthin und Zichtow die Wagen von Ochsen gezogen wurden.

Träger der Bahn: Deutscher Modelleisenbahnverband, AG 8/16, gefahren wird an bestimmten Sonntagen im Sommerhalbjahr von 15 bis 17 Uhr und nach Vereinbarung. Auskunft erteilt die Kyritzer Waldeisenbahn, Fichtengrund 11, 1910 Kyritz.

Kyritzer Waldeisenbahn.

Die Mansfeld Museumsbahn

«Die Fahrt beginnt am Betriebsbahnhof der Bahnwerkstatt Klostermansfeld. Uns steht ein 1918 gebauter Personenwagen KBp4 der Sächsischen Staatsbahn zur Verfügung, der von einer Dampflok des Typs D2ht aus dem Jahre 1935 gezogen wird.
Die Fahrt führt zunächst über die Stationen Bockstal und Zirkelschacht nach Osten und wenig später in Richtung Norden über das Dreieck Siershausen durch die unverwechselbare Mansfelder Haldenlandschaft – Zeugnis des in dieser Region betriebenen Bergbaus. Zweimal wird die Strecke der Deutschen Reichsbahn überquert. Nach 14 km und etwa 45minütiger Fahrt ist der Haltepunkt Eduardschacht, das Ziel der Reise, erreicht.
Während der Wendezeit des Zuges besteht Gelegenheit, nach etwa sieben Minuten Fußweg das interessante Mansfeld Museum mit dem Modell der ältesten deutschen Dampfmaschine zu besichtigen. Anderthalb Stunden später geht es zurück nach Klostermansfeld.
Die Bahn kann von jedermann benutzt werden. Sie verkehrt vom Mai bis September zweimal monatlich sonnabends 10 Uhr ab Bahnwerkstatt Klostermansfeld (zu erreichen mit der DB über Bahnhof Klostermansfeld, Strecke 650). Sonderfahrten bzw. Güterzugfahrten zum Fotografieren sind nach vorheriger Anmeldung möglich. Auskunft bei der Mansfeld Transport GmbH, Herr Teutsch, Walter-Schneider-Schacht, 4253 Helbra, Tel. Helbra 221, App. 495, oder Lutherstadt Eisleben 54911, App. 328. Hin- und Rückfahrt kosten zusammen 15,– DM pro Person, Ermäßigungsberechtigte zahlen die Hälfte.»

Soweit die Informationen der Betreiber dieser neuen Museumsbahn, die in ein Stück Industriegeschichte einführt. Die Strecke von Klostermansfeld bis Eduardschacht ist ein kleiner Teil eines Industriebahnnetzes, das in den Jahren 1880 bis 1989 befahren wurde und eine Ausdehnung bis zu 95 km hatte.

Schmalspurbahnen, mit 750 mm Spurweite, die Kupferschiefer von den Abbaustellen zu den Hütten brachten, Kohlen und Koks von der Regelspurbahn übernahmen, Schlacken, Steine, Kupfer abtransportierten und nicht zuletzt die Menschen zu ihren Arbeitsplätzen im immer weiter ausgreifenden Industrierevier brachten. 1906 gab es 23 Lokomotiven, 705 Güterwagen vom Muldenkipper für Erz bis zum «verdeckten» Güterwagen für den Brottransport und 30 Personenwagen mit 1108 Sitzplätzen.

Vorher hatte man mit Straßenlokomotiven und Seilbahnen experimentiert. Bis 1930 gab es nur leichte zwei- oder dreiachsige Lokomotiven mit maximal 200 PS Leistung. Sie hatten nur eine Handbremse, neben dem Lokomotivführer und dem Heizer mußten mindestens zwei Bremser auf dem Zug mitfahren. Danach erschienen größere Maschinen mit der Achsfolge D, E, und 1'E1' mit bis zu 600 PS und Druckluftbremse (die auch in einigen C-Lokomotiven nachträglich eingebaut wurde) und ab 1959 Diesellokomotiven Type V 10 C mit zwei Drehgestellen und 100 PS Leistung.

Zu den Mansfelder Werksbahnen gehören auch die regelspurigen Anschlußbahnen Eisleben, Hettstedt und Helbra, die den Rollbockverkehr auf der Schmalspur ablösten und das Umladen durch Schütttrichter unnötig machten. Das ganze war in den letzten Jahrzehnten zu einem modernen leistungsfähigen Bahnsystem gewachsen. Auf den noch betriebenen Anschlußbahnen wurde der Betrieb auf Diesellokomotiven umgestellt.

Eisenbahnen in Mecklenburg-Vorpommern

Wer fern aller Aufgeregtheit unserer Welt die Stille sucht, dem sei Mecklenburg-Vorpommern empfohlen. Hier scheint dem Reisenden mancherorts tatsächlich die Zeit angehalten worden zu sein. Er wähnt sich einige Jahrzehnte zurück, wenn ihn nicht Schäden und Abnutzungserscheinungen auf den Boden der Realitäten und der Jetztzeit zurückführen.
Alleen prächtiger alter Bäume über altväterlich gepflasterten runden Straßen (um 1830 entstanden im Mecklenburg Chausseen als «jederzeit befahrbare Straßen») erinnern an Zeiten, in denen Menschen und Zugtiere für das geschlossene Blätterdach dankbar waren, das sie und die Straße vor den Unbilden der Witterung schützte, sei es brennende Sonne oder Schlagregen. Es erinnert an Zeiten, in denen der Verkehr mit Lastkraftwagen auf Radien von 50 km begrenzt war, weil es sich sonst nicht lohnte, und für alle Transporte darüber hinaus die Güter ganz selbstverständlich «auf die Bahn» gegeben wurden. Sie lassen Zeiten wiedererstehen, in denen die Autolobby noch nicht darauf bestand, rechts und links der Pisten alle Bäume abzuholzen, um den Rasern freies und vermeintlich gefahrloses Feld zu sichern.

Klassizistische Bahnhofsbauten

Die ältesten «Eisenbahn-Denkmale» in der nördlichen ehemaligen DDR sind eine Reihe von Bahnhöfen. Nein, nicht solche der Mecklenburger Eisenbahn, die gab es erst später, sondern der Mecklenburg berührenden Strecke Berlin–Wittenberge–Ludwigslust–Hamburg. Sie ist bekannt für ihre spätklassizistischen Bahnhofsbauten. Man spricht von einem «Bahnhofsstil» der Berlin–Hamburger Strecke.
Die Idee einer Eisenbahnverbindung zwischen Berlin und Hamburg ist so alt wie die Diskussion um das Für und Wider des neuen Vehikels überhaupt. Die Warenströme nahmen mit

der beginnenden Industrialisierung, mit der Verstädterung und der Intensivierung der Landwirtschaft zu. 1841 kam es zum Vertragsschluß der beteiligten Staaten. Für die gesamte Strecke sollte das preußische Eisenbahngesetz von 1838 gültig sein (man merkt, wer das Sagen hatte). Den sehr interessierten Pfeffersäcken in Wismar, die sich schon seit 1835 um einen Bahnanschluß bemühten, blieb die «Abzweigung» Hagenow–Wismar, die Rostocker hielten vorerst ihre Eisenbahn-Phantasien zurück.
Spiegel dieser Situation sind einige erhaltene, zum Teil gut restaurierte Bahnhofsgebäude. Fahren Sie also nach Wittenberge, nach Hagenow Land. Auch die ersten Bahnhöfe von Schwerin, Wismar und Rostock waren im klassizistischen Stil gehalten, bis sie durch spätere Bauten, deren Architekten anderen Vorstellungen für die Repräsentation der Eisenbahn anhingen, ersetzt wurden. Da ist auch das Empfangsgebäude des Bahnhofs Neustadt (Dosse) zu nennen und des Bahnhofs Glöwen (erst 1864) sowie der Bahnhof Karstädt, alle mit dem typischen Quaderputz, symmetrisch angeordneten einheitlichen Türen und Fenstern, oft mit Risalit- und Reliefschmuck.

Rostock–Warnemünde

Der stärkste Magnet an der Ostseeküste ist ohne Zweifel die Kleinbahn Bad Doberan–Kühlungsborn West, der hier ein eigenes Kapitel gewidmet ist (Seite 136). Daneben ist aber auch – nicht nur das Alte ist von Interesse – die Bahnlinie Rostock–Warnemünde zu empfehlen, wo die einzige S-Bahn im Norden der ehemaligen DDR verkehrt, die durch die Übung, zweistökkige Pendelzüge mit dem Triebfahrzeug in der Mitte zu fahren, aus dem Rahmen fiel. Wer unterwegs nicht nur die Romantik sucht, kommt hier zwischen Altstadt und großzügigen Neubausiedlungen, Erholungsanlagen, Kunst- und Sporthalle, Industriekomplexen und Werften auf seine Kosten. Er schaut der Seestadt Rostock sozusagen ins Herz. Die Fahrt geht parallel der Unterwarnow. Bei Lütten Klein ist am Wasser das Traditionsschiff «Frieden» zu sehen – aus der ersten Serie der in der Warnemünder Werft (nächster Haltepunkt) gebauten

10 000-t-Frachter – heute Museum, Restaurant und Sporthalle. Warnemünde ist Ausgangspunkt der Eisenbahnfähre nach Gedser. Der Fährverkehr wurde 1903 eröffnet. Dazu war es notwendig, das am alten Bahnhof querstehende Empfangsgebäude zu durchbrechen, und die Strecke bis zum neuen Fährhafen weiterzuführen (und bis zu dem bei dieser Gelegenheit erbauten neuen Bahnhof zwischen Alter Warnow und Neuer Warnow). Auf den Platz des ersten Bahnhofs, neben dem die Postdampfer im «Bassin» ankerten, weist noch die Bahnhofstraße hin. Der Durchbruch durch das alte Bahnhofsgebäude wurde «Tunnel» genannt und verschwand erst 1985 im Zuge der Elektrifizierung der Strecke.
Der Blick von der Mole gibt einen guten Überblick über den Seeverkehr, auch das Ein- und Auslaufen der Fährschiffe. Deren Verzeichnis seit 1903 umfaßt sieben Namen, von denen fünf als ausgemustert, als durch Kriegseinwirkungen zerstört oder als Reparationsleistung wieder gestrichen wurden. Der Fährbetrieb begann mit eingleisigen Schiffen. Schon 1906 wurde die «Mecklenburg» für zwei Eisenbahngleise umgebaut. Derzeit fahren die «Warnemünde» (Indienststellung 1963) und die dänische «Kong Frederik IX»:

	Warnemünde	Kong Frederik IX
Länge	136,4 m	114,2 m
Breite	17,1 m	17,2 m
Tiefgang	4,8 m	4,8 m
Zahl der Gleise	3	3
Länge der Gleise	325 m	300 m
Verdrängung	6610 BRT	6000 BRT

Nach Stralsund

Zu unserem nächsten Reiseziel, der Insel Rügen, bringt uns die Strecke Rostock–Stralsund. Man tat sich schwer mit der Verbindung der beiden Städte, deren eine mecklenburgisch war, während die andere zu Preußen gehörte. Fürchtete man die Konkurrenz oder war es Kurzsichtigkeit der Mecklenburger, die ganz auf ihre Häfen Rostock und Wismar setzten und mit sich und der Welt zufrieden waren? Schließlich übernahm

Preußen 1889 den Bau der Strecke (auf Wunsch der Mecklenburger auf ihrem Territorium nur eine eingleisige Nebenbahn), und an der Grenze, der Recknitz, in Ribnitz-Damgarten (damals Ribnitz), wurden die Lokomotiven gewechselt, wovon heute noch ein vierständiger Lokschuppen berichtet.

Durch Rügen – der Weg nach Norden

Auf dem Wege von Stralsund quer durch die Insel Rügen zum Fährhafen Saßnitz ist zunächst der Strelasund zu überwinden. Hinter der Station Stralsund Rügendamm (mit Blick auf die Stadt) eine Klappbrücke, die Ziegelgrabenbrücke. Dann nach Überquerung der kleinen Insel Dänholm die 540 m lange Sundbrücke, deren der Eisenbahn dienende Teile während unserer Reise gerade ausgewechselt wurden, mit großen Verkehrshindernissen und einem zeitweisen Schienenersatzbetrieb.
Der Damm, der heute die Insel Rügen über 2,5 km mit dem Festland verbindet, ist ein Projekt des 19. Jahrhunderts, wurde

Die Eisenbahnbrücke über den Strelasund. In gut drei Tagen wurde die 540 m lange Eisenbahnbrücke über den Strelasund ausgewechselt. Die vier vorgefertigten, je 135 m langen Stücke waren zentimetergenau einzupassen, wozu zwei Schwimmkräne aus Hamburg kamen. Der Verkehr auf der benachbarten Straßenbrücke lief weiter.

aber erst in den dreißiger Jahren unseres Jahrhunderts gebaut. Bis dahin gab es zwischen Stralsund und Altefähr Fährverkehr für jedermann, der die Insel betreten wollte.
Vielleicht liegt es an der Enge der Straße: Uns kam Rügen vor wie ein Märchen, insbesondere, als wir kurz hinter dem Strelasund nach rechts abbogen, der Halbinsel Mönchgut mit ihrer Kleinbahn (s. Seite 143) entgegen. Den Eisenbahnfreund treibt es dann nördlich Binz über die «Schmale Heide» zum neu erbauten Fährhafen Mukran (schon von der Straße aus sind die «Gleisharfen», auf denen die Züge bereitgestellt werden, zu sehen), und zum altehrwürdigen Fährhafen Saßnitz, der im Gegensatz zu westlichen Pendants die besucherfreundlichen Terrassen und Aussichtscafés vermissen läßt.

Insel Usedom

Schließlich kann ich die Ostseeküste nicht verlassen, ohne Sie auf die Wolgaster Fähre und die Eisenbahn zu den Ostseebä-

Fährhafen Saßnitz, das «Tor zum Norden».

dern Bansin, Heringsdorf und Ahlbeck aufmerksam gemacht zu haben. Die Reise beginnt in Züssow an der Strecke Stralsund–Greifswald–Berlin. Durchgehende Züge aus dem Süden nach Wolgast Hafen müssen in Züssow «Kopf machen». Die Attraktion der Reise erfolgt dann in Wolgast, wo der Peenestrom zur Insel Usedom überquert werden muß. Doch zunächst ermuntert der Bahnhof Wolgast zur Besichtigung der Hansestadt. Auch im Hafen ist der Hauch der Historie zu spüren, wo die Eisenbahngleise zwischen den alten Speichern verlaufen. Die betagte Fähre «Stralsund» dient aber nur dem Transport von Güterwagen und Lokomotiven, die Passagiere haben sich auf eigenen Füßen über die Straßen-Klappbrücke zum 1 km entfernten Bahnhof Wolgaster Fähre zu begeben. Die Fahrt zu den Badeorten geht durch Dünen und Wiesen, Äcker und Torfflächen, oft mit Blick auf das «Achterwasser». In Heringsdorf wird wieder die Fahrtrichtung geändert. Das ist darauf zurückzuführen, daß die Bäder vor dem Zweiten Weltkrieg über Swinemünde angefahren wurden, das heute zu Polen gehört.

Das schwedische Fährschiff «Trelleborg» in Saßnitz.

Kleinbahn Bad Doberan – Kühlungsborn

Die Spurweite von 900 mm ist eine Besonderheit. Es gab in der ganzen Eisenbahngeschichte Mecklenburgs nur zwei Bahnlinien dieser Art, und in der gesamten einstigen DDR ist die Bäderbahn heute die einzige.
Man nimmt an, die Anlage sei unter harschem Termindruck erfolgt, so daß wegen «Sachzwängen» das genommen werden mußte, was gerade am Markt angeboten wurde. Immerhin fuhr schon sieben Wochen nach Baubeginn zwischen Bad Doberan und Heiligendamm der erste Zug. Im Mai 1886 hatte man mit den Bauarbeiten begonnen, am 19. Juni wurde die Lizenz erteilt, und am 7. Juli fand, ungeachtet noch laufender Rest-Bauarbeiten, die erste Fahrt statt. Damit konnte man die schon laufende Saison für sich buchen.
Tagesrückfahrkarten waren der Renner – die Bequemlichkeiten Doberans und die Annehmlichkeiten eines Bades im Meer lagen nur noch wenige Bahnminuten voneinander entfernt. Wesentlich für die schnelle Bauabwicklung war die Tatsache, daß man die Schwellen in Kies statt wie üblich in Schotter bettete.
Dazu muß gesagt werden, daß das Eisenbahnbauen in Mecklenburg wegen der durchweg flachen Landesnatur eine relativ einfache Sache ist. Die Erdbewegungen und die Zahl der Kunstbauten blieben gering. Damit entfielen auch die Vorteile der schmalen Spur weitgehend. Auch Nebenbahnen wurden hier durchweg in Normalspur angelegt.
Bad Doberan war die Sommerresidenz des Großherzogs von Mecklenburg-Schwerin, Heiligendamm seit 1793 das erste deutsche Seebad an der Ostseeküste. Die Bahn wurde als «Dampftrambahn» angelegt. Ihre ersten beiden Lokomotiven – Achsfolge B – hatten die entsprechende typische Bauart mit Rundum-Verkleidung und Dach, wurden mit Koks befeuert und verfügten über eine Vorrichtung zur Dampfkondensation. Die Höchstgeschwindigkeit war 25 km/h. Sie stammten von der Aktiengesellschaft für Lokomotivbau Hohenzollern in Düs-

«Molli» mitten in der Einkaufsstraße von Bad Doberan.

seldorf. Von den drei Personenwagen, die zusammen mit einem Gepäckwagen den ersten Zug bildeten, hatte einer ein Salonabteil.

Die Reise beginnt auf dem Bahnhof Bad Doberan, wo sich die großen und die kleinen Lokomotiven treffen, getrennt durch das Empfangsgebäude. Sie können sich heute noch zeigen lassen, wo einst der dem Großherzog vorbehaltene separate Wartesaal war. Der Betrieb der Kleinbahn beschränkt sich auf den Personentransport, der Güterverkehr ist längst eingestellt.

Fünf Dampflokomotiven gibt es derzeit, nach ihnen nennt man die ganze Bahn «Molli». Man fährt ausschließlich mit Dampf. Zum Zeitpunkt unseres Besuches allerdings war nur eine Lokomotive betriebsfähig. Ein Teil des Fahrplans mußte mit «Schienenersatzverkehr» auf der Straße abgewickelt werden, und die für Fotografen so attraktive Kreuzung in Heiligendamm entfiel. Die Werkstätten sind in Kühlungsborn West, eine Fahrt dorthin ist also auf jeden Fall zu empfehlen.

So steht also Molli neben dem klassizistischen Empfangsgebäude und dampft, setzt sich dann langsam in Bewegung, um mit einem Zug von bis zu 13 Personenwagen und einem Gepäckwagen durch den Stadtpark, über die Fernstraße 105 und dann quer durch die Stadt, dicht vorbei an Häusern und Haustüren zu fahren. Dabei gilt 10 km/h als Höchstgeschwindigkeit. Schon bei 1,1 km gibt es den ersten Stopp, noch in Bad Doberan, am Haltepunkt Goethestraße.

Wenig später geht es dann parallel zur Lindenallee durch die freie Landschaft, wobei die zulässigen 40 km/h ausgefahren werden. Rechts der «Große Wohld», voraus das Ostseebad Heiligendamm, das mit km 6,5 erreicht wird. Der Bahnhof von 1911/12 ist dem klassizistischen «Heiligendammer» Baustil von Kurhaus und Sanatorium angepaßt. Er wurde mit dem zweiten Streckenabschnitt zum heutigen Kühlungsborn in Betrieb genommen. Allerdings gab damals das Fischerdorf Arendsee den Namen.

Das sind noch einmal 8,9 km, vorbei am «Kleinen Wohld» mit dem Haltepunkt Heiligendamm Steilküste bei Klein Bollhagen, nur 250 m vom Meer entfernt, wo nur in der Saison gehalten wird, und dann mit zwei weiteren Halten in Kühlungsborn

(Ost, Mitte) zur Endstation Kühlungsborn West mit Klinker-Bahnhofsbau und vierständigem Lokschuppen.
Die Kleinbahn Bad Doberan–Kühlungsborn ist fast ausschließlich eine Ferienbahn. Einerseits als «technisches Kulturgut» unter Denkmalschutz, andererseits aber sehr lebendig im Dienst von Urlaubern und Ausflüglern, die teils des Meeres und der «Kühlung» halber, in steigendem Maße aber auch wegen der Eisenbahn kommen. Etwa eine Million waren es, die im Jahr 1989 das Bähnchen benutzten.
Die «Kühlung» ist ein von Kühlungsborn Mitte aus zu erwanderndes bewaldetes Moränengebiet mit dem 128 m hohen Diedrichshäger Berg – einem empfehlenswerten Aussichtspunkt – und einer als technisches Denkmal geschützten und weiterbetriebenen Windmühle.

«Molli» mit historischen Personenwagen.

Lokomotiven der Kleinbahn Bad Doberan–Kühlungsborn. Die wichtigsten Daten:

Baureihe	99^{30} meckl. T7	99^{31} meckl. T42 Nachbau	99^{32}	99^{33}
DR Nr.	99301–303	99311–313	99321–323	99331–333*
Bauart	Cn2	Dn2	1'D1'h2	Dh2
Treibräder mm	700	830	1100	800
Laufräder mm			550	
Länge mm	5650	7900	10 595	8860
Kesselüberdruck kp/cm²	12	12	14	14
Rostfläche m²	0,56	1,10	1,62	1,60
Verdampfungs-heizfläche m²	30,50	50,01	61,00	42,20
Überhitzer-heizfläche m²	–	–	30,60	18,00
Zylinder Ø mm	260	350	380	370
Kolbenhub mm	400	400	550	400
Dienstlast t	16,2	31,9	43,7	32,5
Reibungslast t	16,2	31,9	32,3	32,5
Wasservorrat m³	1,7	3,5	4,25	3,4
Kohlenvorrat t	0,75	1,5	1,7	2,2
Höchstgeschwin-digkeit km/h	30	30	50	35

Derzeit sind noch die Lokomotiven 99 2321 bis 2323, 99 2331 und 2332 im Dienst.

* Bei der «neuen» Numerierung seit 1970 ist nach der Reihen-Nr. 99 für die 900-mm-Schmalspurloks eine 2 als Kennzeichen der Spurweite eingefügt und am Ende eine Kontroll-Nr., also
alt: 99 322
neu: 99 2322–8.

Die rot-gelben Wagen sind seit der Inbetriebnahme der Bahn Generationen von Vierachsern mit offenen Plattformen. Die Lokomotiven dagegen änderten Aussehen und Ausführung und vor allen Dingen die den gestiegenen Anforderungen angepaßte Leistung.
Schon bald nach der Eröffnung der Strecke kamen zur Ergänzung der beiden Trambahnloks drei kleine C-Lokomotiven. Zwei davon endeten dann später auf der zweiten 900-mm-Strecke Mecklenburgs, der benachbarten «Rübenbahn» Neubukow–Bastorf, die nur während der «Rübenkampagne» von September bis Januar betrieben wurde und den Feldfrüchten vorbehalten war, nie dem Personenverkehr diente.
Mit der Verlängerung der Strecke nach Arendsee wurden 1910 bis 1914 drei weitere schwerere C-Lokomotiven von Henschel

«Großer Bahnhof» in Kühlungsborn West.

beschafft, die die Nummern 1005 bis 1007 der M.F.F.E. (Mecklenburgische Friedrich-Franz-Eisenbahn) erhielten. Sie wurden dort als Gattung T 7 geführt. – Die ursprünglich als private Aktiengesellschaft betriebene Bahn war 1890 verstaatlicht worden.

1923/24 lieferte Henschel noch einmal drei Lokomotiven, allerdings nur mit der Achsfolge D, ein Nachbau der mecklenburgischen T 42, von denen die letzten 1961 ausgemustert wurden. Das geschah zugunsten dreier Lokomotiven der Baureihe 99^{33}, die 1950/51 die Lokomotivfabrik «Karl Marx» in Babelsberg für die Wismut AG gebaut hatte. Diese Industrieloks wurden umgerüstet, u. a. durch den Anbau von Läutewerken, vor allem aber durch den Umbau von zwei Maschinen auf Heißdampfbetrieb.

Sie hatten die Aufgabe, die drei seit 1932 im Dienst stehenden schweren Lokomotiven der Baureihen 99^{32} zu entlasten. Das sind heute noch fahrende 1'D1'-Maschinen von Orenstein & Koppel mit recht großen Treibrädern, einer Leistung von 338 kW und einer für solche Schmalspurbahnen ungewöhnlichen Höchstgeschwindigkeit von 50 km/h. Sie sind von den Einheitslokomotiven der Reichsbahn abgeleitet und unter Anwendung von deren Grundsätzen (und Verwendung von deren Baugruppen) hergestellt. Wegen des geringeren Profils erhielten sie – wie auch die 99^{33} – ein abgeschrägtes Führerhaus. Für die Fahrt durch Bad Doberan hatten sie zeitweise auch an beiden Enden ein Läutewerk.

Putbus – Göhren

Der «Rasende Roland» ist (zusammen mit der «Molli» – vgl. Seite 136) die letzte vieler Kleinbahnen, die einst in Mecklenburg und Vorpommern verkehrten, die letzte auch auf der Insel Rügen, und genaugenommen nur noch eine Teilstrecke der Bahn, welche die Badeorte im Südosten Rügens mit Altefähr und dem Festland verband. Der Bau erfolgte in den Jahren 1885 bis 1889 in 750-mm-Schmalspur.
Im Laufe der Zeit fuhren zwischen Putbus und Göhren Lokomotiven verschiedener Bauarten und verschiedener Herkunft, zum Teil von stillgelegten Kleinbahnen in Mecklenburg und Vorpommern. Da war die 99 4621, eine C2'n2t von der Demminer-Kleinbahn-West, da waren die 99 4631–4633 (Dh2t). Von der Kleinbahn Kreis Jerichow I kommen die 99 4801 und 4802, die heute noch Dienst tun:

Hersteller Henschel & Sohn, Kassel
Baujahr 1938
Bauart 1'Dh2t
Treibrad Durchmesser 850 mm
Laufrad Durchmesser 500 mm
Länge über Puffer 9 440 mm
Höchstgeschwindigkeit 45 km/h
Dienstlast 32,4 t
Reibungslast 29,7 t
Wasservorrat 3,50 m^3
Kohlenvorrat 1,25 t

Weiterhin gibt es zwei 1'E1'h2t, die 99 782 und 784 als Gäste vom sächsischen Schmalspurnetz, Neubauten von 1952 (s. Seite 65 + 69).
Zugegeben, es ist ziemlich kompliziert, auch an den Ausgangspunkt dieser Bahn zu kommen. Ob von Berlin–Greifswald oder Schwerin–Rostock, zunächst geht es über den Rügendamm bis nach Bergen, dort umsteigen in die Nebenbahn nach Putbus.

Putbus war bereits slawischer Fürstensitz, dann Residenz, an der Anlage erkennbar, wenn auch das Schloß (1810–1825) nicht mehr vorhanden ist. Immerhin kann man um den für das Städtchen grotesk großen «Circus», den weiten kreisrunden Platz, laufen, den klassizistischen Theaterbau (1819–1820) bewundern und sich im Park ergehen. Auch der Bahnhof ist – wie es sich für eine ländliche Residenz versteht – überdimensioniert.

«Rasender Roland» zwischen Putbus und Göhren auf der Insel Rügen.

Der Zug für die Fahrt zur Halbinsel Mönchgut steht schnaufend und prustend bereit. Zunächst geht es durch Äcker und Wiesen – die Proportionen sind wieder hergestellt – der abwechslungsreichen Moränenlandschaft. Es folgen Wald und der Schilfgürtel des Schmachter Sees, dann der Bahnhof Binz Ost. Der Badeort hat im Norden Anschluß an die Regelspurstrecke von Saßnitz, hier am östlichen Ortsrand den Schmalspurbahnhof. Dann wieder Wald und eine Steigung, denn links

baut sich der Granitz-Hügel auf mit dem Jagdschloß Granitz, das der Fürst von Putbus 1844 in gotisierendem Stil erbauen ließ. Im Geviert der Bauten ein 38 m hoher Turm nach den Plänen von Schinkel. Es ist zu hoffen, daß die restaurierten Räume wie die Aussichtsplattform des Turmes bald wieder zugänglich sind, denn der Rundblick weit über die Insel Rügen wird gerühmt.

Unterhalb des Schlosses ermuntert der Haltepunkt Jagdschloß zu erholsamem Wandern durch Buchenwälder. Dann Garftitz, Sellin (am Selliner See), wo der Zug der romantischen Allee folgt, die so aussieht, als habe sich hier hundert Jahre nichts verändert. Wieder hat uns der Wald und entläßt uns erst am Endbahnhof Göhren, wo Fachwerk-Empfangsgebäude, Kohlebansen und Schuppen die unverwechselbare Kleinbahn-Atmosphäre herstellen. Zum Ort Göhren muß man noch 10 Minuten bergauf gehen (die Bahnbauer wollten diese Steigung wohl ihrem Zug nicht zumuten), näher ist es dagegen zum Strand.

Eisenbahnen im Harz – Harzquerbahn

Wernigerode ist kurzfristig zum Mekka der Eisenbahnfreunde geworden. Höhepunkt ist, wenn kurz hinter dem harztümelnden Bahnhof Wernigerode Westerntor an der Straßenkreuzung vor dem wie eine Kulisse stehenden Stadttor die Warn-Blinklichter angehen, die Autokolonnen stoppen, und nach mancherlei warnendem Heulen und Pfeifen, das immer näher kommt, die Dampflok die Bühne betritt und die Straße überquert. Da werden die Kameras hochgerissen und die Verschlüsse klicken. Dann kommt der Gepäckwagen und die

Anmutig wird der ausfahrende Zug überwacht.

Im Bahnhof Eisfelder Talmühle wird die Zugkreuzung abgewartet.

Reihe der rot-gelben Personenwagen. Die Blinklichter erlöschen, die Vorstellung ist beendet, wir sind wieder in das letzte Jahrzehnt des 20. Jahrhunderts zurückgekehrt.
Wer nun zu seinem abgestellten Auto geht, der hat ohne irgendwelche Schwierigkeiten die Möglichkeit, lange vor dem Zug die Kreuzungsstation Drei Annen Hohne zu erreichen und ihn dort wieder mit gezückter Kamera in Empfang zu nehmen. Er könnte sogar noch unterwegs auf eine Tasse Kaffee einkehren, denn etwa 40 Minuten benötigt der Zug für die 13 Kilometer lange Strecke, allerdings mit dreimaligem Unterwegshalt und – das ist das Wesentliche – 312 Meter Steigung. So muß er in Drei Annen Hohne zunächst einmal Wasser fassen, wofür ein Aufenthalt von mindestens sieben Minuten vorgesehen ist. Eifrige Fotografierer fahren dann wieder ein Stück voraus, bis sie in einer Straßenkurve mit praktisch angelegtem Parkplatz schon ein paar Kollegen mit umgehängten Foto-Utensilien und aufgestellten Stativen warten sehen.

Wer allerdings solchen Streß vermeiden will, fährt mit der Bahn über Halberstadt nach Wernigerode und steigt dort im Regelspur-Bahnhof in die Harzquerbahn um. Die Harzquerbahn hat wie die Selketalbahn 1000 mm Spurweite und fährt – es möge so bleiben – hauptsächlich mit Dampfloks. Normal sind Züge mit fünf Sitzwagen und einem Gepäckwagen.
Allein dreimal hält die Bahn in Wernigerode (einschließlich des Vorortes Hasserode). Sie folgt im Tal der Holtemme der Straße, fährt manchmal auch auf ihr, sonst zwischen den Häusern und Vorgärten. Dann geht es bergauf, in engen Bögen, mit einem herrlichen Blick zurück auf die Stadt und das Schloß. Ein Tunnel (der einzige auf den Schmalspurbahnen der DDR), und wir sind im Drängetal. Hier ist noch die Trasse eines Rückdrückgleises zu erkennen, Teil des stillgelegten Kreuzungsbahnhofs. Der bergwärts fahrende Zug wurde in das Rückdrückgleis gedrückt, das waagerecht angelegt war, um das spätere Anfahren zu erleichtern.

Im Bahnhof Drei Annen Hohne wird Wasser genommen.

Während unsere Lokomotive nun in Drei Annen Hohne Wasser übernimmt, möchte ich Ihnen etwas über die Geschichte der Harzquerbahn erzählen. Sie verbindet Wernigerode mit Nordhausen (der Schmalspurbahnhof Nordhausen Nord ist 300 m vom Regelspur-Bahnhof Nordhausen entfernt). Als erste Teilstücke wurden 1897 Nordhausen Nord–Ilfeld und 1898 Wernigerode–Drei Annen Hohne eröffnet. Im selben Jahr wurde auch die Mallet-Lokomotive 99 5903-2 in Dienst gestellt, die bis 1987 regelmäßig den Traditionszug mit den grün-roten historischen Gepäck- und Personenwagen führte (die Farben der übrigen Wagen sind rot-gelb). – Man fährt über die 60 km lange Gesamtstrecke im Durchschnitt drei Stunden.
Hier in Drei Annen Hohne zweigt auch die frühere Brockenbahn ab, die in den Jahren 1896 bis 1899 auf den höchsten Berg des Harzes verlegt wurde. Derzeit fährt der Zug bis Schierke,

Das Bahnhofsgebäude Drei Annen Hohne.

wobei er auf rund fünf Kilometern noch einmal 140 m steigt. Der Bahnhof mitten im Wald über der Stadt wirkt ebenso verlassen wie provisorisch, und alle Beteiligten hoffen, daß die weitere Strecke bald wieder in Betrieb genommen wird.
Tatsächlich hat es ja auch kaum eine Unterbrechung gegeben. Bis vor zwei Jahren wurden regelmäßig Versorgungsgüter für die Armee hinaufgefahren. Allein fünf Jahre lang etwa zweitausend Elemente für die Mauer rund um den Brocken, die aus landschaftshygienischen Gründen wieder heruntergebracht werden müssen, und dazu 2000 bis 3000 t Kalkschotter, die statt des ursprünglich vorgesehenen Granitschotters als Fundament für besagte Mauer dienen. Dieser Kalkschotter wird innerhalb relativ kurzer Zeit verwittern und – wenn er nicht bald abgefahren wird – das Brockenmoor trockenlegen, was zur Zerstörung wertvollster Biotope führen muß.
Die Brockenbahn wird also so oder so gebraucht, und es liegen auch Angebote vor, sie auf privatwirtschaftlicher Grundlage innerhalb kurzer Frist betriebsfertig zu machen und in Betrieb zu nehmen. Damit wird allerdings eine Grundsatzfrage angesprochen und es besteht die Gefahr, einen Präzedenzfall zu schaffen. Einig sind sich Natur- und Umweltschützer mit den Tourismusmanagern, daß es um den Brocken keinen privaten Kraftfahrzeugverkehr geben wird, um die strapazierte Natur nicht noch mehr zu belasten, und daß die Brockenbahn das geeignete Mittel ist, die Lage im Griff zu behalten.
Schließlich wird darauf hingewiesen, daß die Brockenbahn als Teil eines Schmalspurnetzes zu sehen ist, das um seine Rentabilität kämpft, und es gibt Stimmen, die eine Erweiterung bzw. Rekonstruktion der Harzeisenbahnen im Zuge landschaftschonenden Tourismus anregen, wobei die Verbindung von Bad Harzburg nach Wernigerode und die Anbindung von Braunlage die wichtigsten Punkte sein dürften.
Doch nun lassen Sie uns unsere Reise quer über den Harz fortsetzen. Immer durch Wald geht es nach Elend (509 m). Danach – rechts tauchen Brocken und Wurmberg auf – zieht uns die Lokomotive mit Stöhnen und Fauchen zum höchsten Punkt der Strecke (557 m) hinauf und rollt dann sanft ins Tal der Warmen Bode nach Sorge. Die Namen der Orte besagen, wie es früher

hier zuging. Vom Wald lebt man nur karg, und die wenigen Wiesen und Ackerstücke machen auch nicht satt. Ein Land der Wanderarbeiter und Auswanderer. – Weiter geht es wieder aufwärts zur Hochebene, wo in Benneckenstein (530 m) der Traditionszug endet.

In absehbarer Zeit soll hier auch der Güterverkehr enden, allerdings aus der Richtung Nordhausen, so daß damit der nördliche Teil der Harzquerbahn zu einer reinen Touristenbahn wird. Sorgen macht der Zustand der Dampflokomotiven, die auf die Dauer nicht so erhalten werden können, daß sie den Anforderungen gerecht werden. Es ist schon ein herber Verlust, daß der Güter- und Rangierverkehr und ein Teil des Personenverkehrs – an touristisch nicht so relevanten Punkten – von prosaischen Dieselloks übernommen wird. Die ersten sind bereits eingetroffen. Der ursprüngliche Plan, die gesamten Harzbahnen zu verdieseln, ist aber zunächst einmal zurückgestellt. Das ist im Zusammenhang damit zu sehen, daß eine Schweizer Lokomotivfabrik beabsichtigt, nach neuestem technischen Stand leistungsfähige, bedienungs-, wartungs- und umweltfreundliche Dampfloks zu bauen.

Von Benneckenstein geht es über die Bergwiesen bergab zunächst entlang der Rappbode, dann im Tal des Dammbachs und Tiefenbachs zum Haltepunkt Tiefenbachmühle (411m), wo die B 81 zu uns stößt, und weiter zum Bahnhof Eisfelder Talmühle (352 m). Der im waldreichen Tal gelegene Bahnhof bezieht seine Bedeutung daher, daß hier die Strecke nach Hasselfelde abzweigt und sich damit Fotomotive mit mehreren sich kreuzenden Zügen ergeben, von denen die bergwärts fahrenden (das sind hier die aus Richtung Nordhausen) sich mit neuen Wasservorräten versehen.

Nach Nordhausen hinunter in die Goldene Aue (über Netzkater (309 m) und Ilfeld (254 m) ist es eine Fahrt an der Sonnenseite des Harzes durch eine klimatisch bevorzugte Landschaft. Bei Netzkater lassen wir Wald und Gebirge zurück. Bis Nordhausen, das sich durch den Dom zum Heiligen Kreuz (14. Jahrhundert), durch traditionelle Herstellung von Branntwein (16. Jahrhundert) und Kautabak empfiehlt, fällt die Bahn bis auf 184 m über dem Meeresspiegel.

Dagegen führt uns die Abzweigung nach Hasselfelde wieder auf die Hochebene des Harzes. In Stiege (485 m) gibt es seit 1983 wieder eine Verbindung zur Selketalbahn, wodurch es bei intensivem Studium der Fahrpläne und geschickter Kombination möglich ist, eine erlebnisreiche Harzrundfahrt zu machen. Allerdings möchte ich Sie bitten, nicht nur durch den Harz zu dampfen, sondern auch Schusters Rappen als Fortbewegungsmittel einzuplanen, um die Harzlandschaft, die Täler und Kuppen, die Bergstädte und Erholungsorte nicht nur durch die Fenster Ihres «Sitzwagens» zu erleben, oder, wenn Sie sich als Kenner ausweisen, stehend von der offenen Plattform des letzten Wagens aus.
Das «rollende Material» verkehrt freizügig auf Harzquerbahn und Selketalbahn. Da ist zunächst die «Mallet» zu nennen, die schon bei der Beschreibung des Traditionszuges erwähnt wurde. Die Lokomotive hat vorn in einem Drehgestell das Niederdruck-Triebwerk, hinten fest im Rahmen das Hochdruck-

Die Harzquerbahn nach der Abfahrt in Drei Annen Hohne.

Triebwerk. Von den in den Jahren 1897 bis 1902 beschafften zwölf Stück sind noch vier vorhanden:

99 5901 nach erfolgter Aufarbeitung im RAW Görlitz erneut für den Oldtimerdienst vorgesehen,
99 5902 betriebsfähig im Oldtimerdienst,
99 5903 nicht betriebsfähig, als Ausstellungsstück derzeit in Staßfurt,
99 5906 nicht betriebsfähig im BW Wernigerode abgestellt.

Als Einzelstücke übernahm die Nordhausen-Wernigeroder Eisenbahn zwei im Jahre 1914 für die damalige Heerestechnische Prüfungskommission hergestellte C-Lokomotiven, an denen Vor- und Nachteile von Heißdampflok und Naßdampflok studiert werden sollten. Die 99 6101 (Heißdampf) ist betriebsfähig, die 99 6102 nicht betriebsfähig in Gernrode als Ausstellungsstück abgestellt.
Vor dem Zweiten Weltkrieg wurde die 99 6001 (1'C1'h2) als Einzelstück gebaut. Sie bewährte sich gut, wegen des Krieges kam es aber nicht zum Serienbau. Sie ist betriebsfähig.
Von der Strecke Eisfeld–Schönbrunn kam 1966 die 99 7222 (1'E1'h2). Sie war 1930 erbaut worden und damals die stärkste Schmalspurlokomotive der Deutschen Reichsbahn. Die Wiederherstellung eines betriebsfähigen Zustandes ist vorgesehen.
Als Neubau tragen die Lokomotiven der Baureihe 99^{23} heute den Verkehr. Sie wurden 1954 bis 1956 als Weiterführung der Serie 22 für die Harzquerbahn und die Strecke Eisfeld–Schönbrunn gebaut. Von letzterer kamen die Lokomotiven 99 231 und 235 bis 237 1966 zur Harzquerbahn. Sie sind mit Krauss-Helmholtz-Gestellen ausgerüstet, die jeweils einen Laufradsatz mit einem seitenverschiebbaren Kuppelradsatz verbinden. Zusätzlich ist hier die erste Kuppelachse und damit auch das Lenkgestell über einen Beugniot-Hebel mit der zweiten Kuppelachse verbunden. Die insgesamt 17 Lokomotiven sind – soweit nicht in Revision oder Aufarbeitung – im Einsatz.
Zum Bahnbetriebswerk Wernigerode Westerntor gehören noch ein historischer Triebwagen 187 001 (VT 133 522, s. Seite 107) von der Gernroder-Harzgeroder Eisenbahn, der von Fall zu Fall für Sonderfahrten eingesetzt wird, sowie der nicht betriebs-

Technische Daten der Lokomotiven

Baureihe	99^{590}	99^{610}	99^{22}	99^{600}	99^{23}
Lok-Nr. heute	99 5901–03	99 6101–02	99 7222	99 6001	99 7231–47*
Erstes Baujahr	1897	1914	1930	1939	1954
Bauart	B'Bn4v	Ch2/n2	1'E1'h2	1'C1'h2	1'E1'h2
Länge über Puffer	8874 mm	7734 mm	11 636 mm	8910 mm	11 730 mm
Treibrad Durchmesser	1000 mm	800 mm	1000 mm	1000 mm	1000 mm
Laufrad Durchmesser	–	–	550 mm	600 mm	550 mm
Rostfläche	1,39 m^2	1,4/1,5 m^2	1,78 m^2	1,56 m^2	2,8 m^2
Verdampfungsheizfläche	61,34 m^2	51,36/69,65 m^2	95,9 m^2	76 m^2	95,5 m^2
Überhitzerheizfläche	–	18,7 m^2	33 m^2	25,2 m^2	30 m^2
Zylinder Durchmesser	285/425 mm	430/400 mm	500 mm	420 mm	500 mm
Kolbenhub	500 mm	400 mm	500 mm	500 mm	500 mm
Dienstlast	33,8 t	30,3 t	65,8 t	45,3 t	65 t
Reibungslast	33,8 t	30,3 t	50,5 t	29,8 t	48 t
Wasservorrat	5 m^3	4 m^3	8 m^3	5 m^3	8 m^3
Kohlenvorrat	1,5 t	1,1 t	3 t	2 t	4 t
Höchstgeschwindigkeit	30 km/h	30 km/h	40 km/h	50 km/h	40 km/h

* In den 70er bis zum Anfang der 80er Jahre waren diese Lokomotiven auf Ölhauptfeuerung umgestellt und trugen damals die Nummern 0231 bis 0247. In der Literatur sind sie zT auch unter der Baureihenbezeichnung 99.72 aufgeführt.

fähige Triebwagen 187 025 (VT 137 566, s. Seite 107) von der Nordhausen-Wernigeroder Eisenbahn.

Die neu zum Einsatz kommenden B'B'-Dieselloks sind Umbauten der Baureihe 110.8 und tragen danach die Bezeichnung 199.8. Sie haben mit 900 kW = 1200 PS die doppelte Leistung wie die 1'E1'-Dampfloks, was sich für den Güterverkehr und auch den schweren Personenverkehr günstig auswirkt, indem Doppelbespannungen unnötig werden. Dem Ästheten bleibt der Trost, daß beim Güterwagen-Rollbockverkehr die Größenverhältnisse der für Regelspur gebauten Lokomotive in einem besseren Verhältnis zu den Güterwagen steht, als wenn sie von einer Schmalspur-Dampflok gezogen würden (beim Personenverkehr ist es allerdings umgekehrt).

Die Selketalbahn

Die Beschreibung der Selketalbahn beginnt normalerweise in Gernrode am Rande des Harzes, wo Sie gegenüber dem Regelspurbahnhof den Bahnhof der 1000-mm-Schmalspurbahn finden mit Rangiergleisen, Lokschuppen, Kohlebansen, Wasserkran ... Zugegeben, es ist auch nicht ganz einfach, nach Gernrode zu kommen, von Magdeburg über Halberstadt–Wegeleben–Quedlinburg oder von Halle, Leipzig oder Berlin über Aschersleben–Frose. Da ich Ihnen aber eine in Wernigerode beginnende Rundfahrt empfohlen habe, muß ich nun konsequent sein.

Der Übergang von der Harzquerbahn (s. Seite 147) zur Selketalbahn vollzieht sich im Bahnhof Eisfelder Talmühle. Das Teilstück von dort bis Stiege, von wo ab bis zum Bahnhof Straßberg die Strecke 1946 abgebaut worden war, wurde von der

Bahnhof Alexisbad, Abzweig nach Harzgerode.

Harzquerbahn betrieben bis – gottlob – die durchgehende Verbindung wieder hergestellt war. Seitdem gibt es in Stiege auch eine Kehrschleife, wodurch das Umsetzen der Lokomotive bei durchgehenden Zügen Nordhausen–Alexisbad–Gernrode entfällt. Auch die Zweigbahn nach Hasselfelde ist Teil der Gernrode-Harzgeroder Eisenbahngesellschaft, der ältesten Harzbahn. Seit 1887 fährt sie von Gernrode nach Mägdesprung, seit 1888 weiter über Alexisbad nach Harzgerode, und ab 1892 ging es dann auch (zunächst als GHE) über Stiege bis Hasselfelde.
Von Stiege, dem auf der Hochfläche des Harzes gelegenen Erholungsort, bis Straßberg fahren wir auf der wiederhergestellten Strecke, die fast genau der früheren Linienführung folgt, durch Wiesen und Wald von 485 m über dem Meeresspiegel über Albrechtshaus (467 m), Friedrichshöhe (454 m) bis Güntersberge (420 m), wo wir die Selke erreichen. Güntersberge ist eine vielbesuchte kleine Kur-Stadt, mit guterhaltenen Fachwerkhäusern ein Augenschmaus. Dann geht es parallel der Selke weiter bergab nach Straßberg (363 m), das wieder in einer großen Lichtung des Waldes liegt. Man hat den Eindruck, sich noch auf der Hochfläche zu befinden, vom «Selketal» wird erst später gesprochen, wenn Hänge sich heranschieben und den Talboden verengen, den sich ab Straßberg die Selke, Straße und Bahn teilen. Hier sind auch die Frachtkunden der Bahn zu sehen, die Sägewerke, holzverarbeitenden Betriebe und Steinbrüche (in Silberhütte wurde bis in unser Jahrhundert Erz abgebaut) und das Heizkraftwerk Silberhütte, wegen dessen Kohlenbedarf die Strecke 1983 wieder hergestellt wurde.
Von Wald umgeben Alexisbad (325 m), wo Herzog Alexius von Anhalt-Bernburg zu Beginn des 19. Jahrhunderts Kurhäuser bauen ließ – man hatte ein paar Jahrzehnte zuvor die Heilkraft der Quellen entdeckt und in der Konradsmühle die ersten Badestuben eingerichtet, – schon im 10. Jahrhundert hatten sich hier Benediktinermönche niedergelassen. Danach wurde Alexisbad mit drei Bahnsteigen (!) so etwas wie ein Bahnknotenpunkt – mit Abzweig der Strecke nach Harzgerode und der Möglichkeit, die Lokomotiven frisch mit Wasser und Kohlen zu versorgen, denn nach Harzgerode sind auf drei Kilometer noch 75 m zu steigen.

Bahnhof Stiege, Endpunkt der Selketalbahn.

Das liegt (die Endung -rode verrät es) auf einer Rodungsinsel auf der Harzhochfläche, ein Zentrum des Unterharzer Bergbaus, der vom ausgehenden Mittelalter bis in das 19. Jahrhundert betrieben wurde. Eine Bergstadt mit Vergangenheit also. In ihrer Blütezeit – 1552 – entstand das bernburgische Schloß.
Wir aber fahren im romantisch-engen Selketal nach Drahtzug und Mägdesprung (295 m) mit 1642 gegründetem Eisenwerk. Der Name Mägdesprung ist sagenträchtig, ernsthafte Historiker denken eher an eine Quelle als an die wundersame Flucht einer gefangengehaltenen Jungfrau. Bergan, die Heinrichsburg umfahrend, zum Ramberg, wo wir mit 413 m den höchsten Punkt der Strecke erreichen. Über die mit 40‰ steilsten Teilstrecken geht es dann in das Tal des Wellbachs, vorbei am Heiligen Teich, durch den engen Ostergrund zum Osterteich. Da liegt schon linker Hand Gernrode, das wir umfahren und damit am Ende unserer Harzreise angelangt sind.

Rübelandbahn Blankenburg/Harz – Königshütte

Die Fahrt auf der Halberstadt-Blankenburger Eisenbahn (HBE) ist ein Genuß für Naturfreunde wie für Technikfreaks. Allerdings gibt es dabei weder Dampf noch Schmalspur wie auf den Strecken der Harzquerbahn und Selketalbahn, von denen die Rübelandbahn umrahmt wird. Rübelandbahn? Ja, so nennt man sie wegen dem Weiterbau über Blankenburg hinaus, der Rohstoffversorgung in beiden Richtungen dienend. Doch davon später.
Um Halberstadt kommt man nicht herum, ganz gleich, ob der Weg zum Harz in Berlin oder Leipzig begonnen wurde. Deshalb der Rat, bei dieser Gelegenheit auch die Sehenswürdigkeiten dieser alten Stadt (seit 827 Bischofssitz, Dom, Liebfrauenkirche) zu besichtigen. Beachten Sie bei der Fahrt durch das Harzvorland, eine freundlich-abwechslungsreiche Landschaft, bei Börnecke rechter Hand den Regenstein mit der Burguine, links den Heidelberg mit der «Teufelsmauer», einer langen Sandsteinwand.
Blankenburg ist Touristenstadt und Badeort mit vielen alten Fachwerkhäusern, Barockschloß und -park. Der Bahnhof ist ein Kopfbahnhof. Umsteigen müssen wir sowieso, da die Weiterfahrt unter der elektrischen Oberleitung erfolgt. Die Strecke ist seit 1968 elektrifiziert. Und damit kommen wir zu einer in der deutschen Eisenbahngeschichte einmaligen Story.

Der Harz ist seit vielen hundert Jahren mehr als ein unwegsames Waldgebirge. Harzer Bergbau hat eine lange Geschichte. Der Holzreichtum ließ Hüttenwerke entstehen. In Rübeland wurden «Marmorbrüche» betrieben, es wurden Kalkstein- und Gipsvorkommen ausgebeutet. Den ersten Anstoß zu einer Verlängerung der Halberstadt-Blankenburger Eisenbahn ergab sich 1875, als das Hochofenwerk in Blankenburg entstand. Rübeland erreichte das Gleis im Jahre 1885. Von dort ging es weiter nach Königshütte und Tanne. Dabei mußte, da eine ganze

Blankenburg. Umspannbahnhof auf dem Weg nach Königshütte. Im Hintergrund der Lokschuppen mit Drehscheibe.

Reihe von Orten und Produktionsstätten sowie Lagerstätten von Kalk und Erz anzufahren waren, ein Höhenunterschied von 484 m überwunden werden.

Die Bahn wurde als eine kombinierte Adhäsions- und Zahnradbahn angelegt – damals eine Pioniertat –, mit einer Zahnstange nach dem System Abt, wobei drei Stangen versetzt nebeneinander liegen, ebenso drei Zahnräder auf derselben Achse, was einen ständigen Eingriff ergibt mit hoher Belastbarkeit und hoher Sicherheit. Dieses System hat sich für große Belastungen beim Güterverkehr wie bei der Schweizer Furka-Oberalp-Bahn (im Gegensatz zu den reinen Touristen-Bahnen) gut bewährt. Die Lokomotiven mit doppeltem Triebwerk für Adhäsions- und Zahnradantrieb waren teuer, schwer und in der Unterhaltung aufwendig.

Die Bahnlinie Halberstadt–Königshütte wurde mit Zahnstangen nach System Abt erbaut.

Die Geschwindigkeit auf der Zahnstange war auf 4 bis 5 km/h bergwärts und 12 bis 15 km/h talwärts beschränkt. Da sich die Inanspruchnahme insbesondere zur Abfuhr von Produkten der Steinbrüche über alle Erwartungen steigerte, war die Durchlaßfähigkeit der Strecke bald erreicht.

Der erste Ausweg war der Einsatz schwerer Adhäsionslokomotiven, um nach einigen «Entschärfungen» der Strecke auf den Zahnstangenbetrieb verzichten zu können. Die Vorstellung war, Züge von 200 t Gewicht auf den Rampen mit der Neigung 1:25 und 1:16,6 (= 60 Promille) befördern zu können (der Zahnstangenbetrieb hatte nur Zuggewichte bis 125 t zugelassen). Dazu wurde von Borsig eine 1'E1'h2t entwickelt, deren erste 1920 in Dienst gestellt werden konnte, drei weitere kamen 1921. Sie erhielten die Namen «Mammut», «Wisent», «Elch» und «Büffel» und nach Übernahme durch die DR die Betriebsnummern 95 6676 bis 95 6679. Die erste von ihnen existiert als Museumslok weiter (vgl. Seite 105). Übrigens war die erfolgreiche Konstruktion der Anlaß, 1924 weitere 45 ähnliche Lokomotiven als preußische T 20 für gebirgige Strecken der Deutschen Reichsbahn in Dienst zu stellen. Sie bewährten sich insbesondere im Thüringer Wald im Schiebedienst und machten die bis dahin übliche Teilung schwerer Züge auf den Bergstrecken überflüssig. Übrigens existiert auch von dieser Bauart eine Museumslok, die 95 027.

Zunächst hatte die Lokomotive «Mammut» auch noch zwei Zahnräder für die zusätzliche Abbremsung während der Talfahrt, doch stellte sich das bald als unnötig heraus. Sie beförderte eine Last von maximal 260 t (170 kN Zugkraft) bei 12 km/h Geschwindigkeit auf einer 60-Promille-Rampe. Später kam auch die T 20 – mit 1620 PS noch etwas stärker als die «Tierklasse» – auf die Rübelandbahn. Man fuhr mit je einer Lokomotive vorn und hinten 300-t-Züge und mit einer weiteren als Vorspann, also mit drei Lokomotiven, Züge mit 450 t Gewicht. Aber dann war auch keine weitere Steigerung mehr möglich.

Die wurde gefordert, als der Ministerrat der DDR 1958 das «Chemieprogramm» beschloß, wonach die Produktion der chemischen Industrie wesentlich erhöht werden sollte, mit Hilfe von Kalk zur Herstellung von Stickstoff und Plasten, der nun in wesentlich größeren Mengen aus den Brüchen von Rübeland und Elbingerode abgefahren werden mußte. Pläne für eine Seilbahn oder eine Pipeline wurden verworfen und statt dessen beschlossen, die Leistungsfähigkeit der Strecke durch Elektrifizierung wesentlich zu steigern. Doch es ergab sich das Problem eines elektrischen Inselbetriebs, dessen Stromversorgung aus dem Landesnetz erfolgen mußte, und es standen keine Umformer zur Verfügung.

Man griff auf Erfahrungen mit den Versuchslokomotiven LEW I und II zurück, die der Erprobung anderer Bahnstromsysteme (wohl auch im Hinblick auf Exporte) dienten. Sie wurden so Vorläufer der Baureihe 251, die nur für die Rübelandbahn für den Betrieb mit Einphasen-Wechselstrom 50 Hz, 25 kV gebaut wurde, und zwar 15 Lokomotiven mit der Bezeichnung 251 001 bis 015. Die Lieferung erfolgte 1965. Die Konstruktion war weitgehend von den Baureihen 211 und 242 abgeleitet:

Achsanordnung Co'Co'
Rad Durchmesser 1350 mm
Länge über Puffer 18 640 mm
Zahl der Motoren 6
Stundenleistung 3 660 kW bei 38 km/h
Dienstmasse/Reibungsmasse 126 t
Höchstgeschwindigkeit 80 km

Die Züge werden mit je einer Lokomotive vorn und hinten gefahren, so daß die Spitzkehre Michaelstein keine Behinderung bedeutet. Allerdings waren im Rahmen der Elektrifizierung wieder einige Änderungen an der Strecke notwendig, so der Ersatz des Bielstein-Tunnels durch einen Einschnitt. Die Strecke von Königshütte bis Tanne wurde stillgelegt.
Zwei Lokomotiven befördern Züge von 600 t Gewicht (Ganzzüge bis 500 t) bergwärts meist als Leergüterzüge, von Rübe-

E-Lok der Baureihe 251 (DR) für die mit Industriestrom betriebene «Rübelandbahn».

land «runter» Züge mit gebranntem oder Rohkalk bis 1 500 t. Dabei ist sowohl vorn als auch hinten die Lokomotive besetzt, die Lokomotivführer übernehmen dabei die Funktion des Zugführers mit. Und wegen der Steilstrecke gibt es auch auf jeder Lokomotive noch einen «Beimann», so daß der Zug mit vier Mann Personal fährt. Es gibt Zugfunk, wenn der aber ausfällt und um Hilfe zu telefonieren ist, oder bei Stromausfall wegen Gewitter alle Handbremsen anzuziehen sind, so darf der Lokomotivführer der talwärts stehenden Lok seinen Arbeitsplatz auf keinen Fall verlassen. Hier gibt es auch sowjetische Güterwagen mit Mittelpufferkupplung, die in Gruppen fahren mit jeweils einem Zwischenwagen als Verbindung zu den Wagen der DR.

Inzwischen sind wir in Blankenburg in den Zug nach Königshütte eingestiegen. Die Güterzüge fahren gar nicht erst in die Spitzkehre des Bahnhofs ein, sondern wechseln die Bespannung im durchgehenden «Umspannbahnhof». Es geht im großen Bogen um die am Harz gelegene Stadt Blankenburg, auf das Gebirge zu. Mit der Spitzkehre Bahnhof Michaelstein ist auch der Wald erreicht, und nach dem Kreuzen der F 27 der Haltepunkt Braunesumpf, dessen Namen an eine alte Erzgrube erinnert. Hier sind wir schon 408 m hoch. Der Bahnhof Blankenburg hat 199 m Seehöhe, für die Überwindung der Differenz standen 8,1 km zur Verfügung. Auf der Harzhochfläche wird dann nach weiteren 1,7 km Hüttenrode erreicht. Entlang der Strecke senkt sich das Gleis ins Bodetal, rechts sind die ersten Steinbrüche zu sehen. Der Zug fährt durch zwei Tunnel, zwischen denen der 100 m lange eiserne Kreuztalviadukt liegt, dann folgt der Haltepunkt Neuwerk (398 m hoch) und Rübeland (385 m). Nun verläßt der Zug das Bodetal und biegt, parallel der Straße, ins Mühlental ein. Wieder Steinbrüche und Kalkwerke, linker Hand eine Schwefelkiesgrube (einstmals die einzige der DDR), und es geht im Tal bergauf, bis in Elbingerode wieder die Hochfläche erreicht ist.

Kurz danach kommt mit 505 m der höchste Punkt, und die Strecke führt wieder herab ins Bodetal. Hornberg mit 491 m und Königshütte mit 433 m Höhe sind die letzten Stationen der Berg- und Talfahrt. Der Bahnkörper der anläßlich der Elektrifi-

zierung stillgelegten Strecke nach Tanne und das dortige Stationsgebäude sind noch zu sehen.
Diese Beschreibung soll nicht abgeschlossen werden, ohne Sie auf die benachbarte Normalspurstrecke von Halberstadt über Quedlinburg nach Thale aufmerksam zu machen. Unter Zuhilfnahme der schmalspurigen Harzquerbahn (Seite 147) und Selketalbahn (Seite 157) lassen sich erlebnisreiche Eisenbahnferien im Harz gestalten.

Man nannte sie Pionierbahnen

Im Gebiet der vormaligen DDR gibt es eine Reihe von Eisenbahnen, die in Parks und Erholungsgebieten verkehren und die von Kindern und Jugendlichen, Mitgliedern der «Jungen Pioniere», betrieben wurden. Das heißt, Schüler von der dritten bis zur zehnten Klasse übernehmen die Pflegearbeiten und den Fahrdienst (die meisten dieser Schüler gehen dann auch zur Reichsbahn). Lediglich die Betriebsleiter und Lokomotivführer sind «Erwachsene». Die aktuelle Liste umfaßt 11 Bahnen, von denen derzeit mehrere «Parkbahn» genannt werden.

Berlin: Rundkurs mit zwei inneren Verbindungsstrecken im ehemaligen Pionierpark an der Wuhlheide, 600-mm-Spur, Länge 6,9 km, Diesellokomotiven und eine Dampflok (ehemalige «Trümmerlok»).

Bernburg: 1,9 km lange Strecke durch den Erholungspark Krumbholz, 600-mm-Spur, Diesellokomotiven.

Chemnitz: Eingleisige Rundstrecke im Küchwald, 2,3 km, 600-mm-Spur, Diesellokomotiven.

Cottbus: 2,6 km lange eingleisige Strecke vom Eliaspark zum Ort Branitz, 600-mm-Spur, Dampf- und Diesellokomotiven.

Dresden: Zum Teil zweigleisige 5,6 km lange Strecke im Parkgelände des Großen Gartens, Spurweite 381 mm, elektrischer Betrieb (Elektrospeicherlokomotive).

Gera: 0,8 km und weitere Strecke im Bau, vom Bahnhof Martinsgrund zum Zoologischen Garten. 600-mm-Spur mit elektrischem Betrieb (Elektrospeicherlokomotive) und eine Dampflok.

Görlitz: Rundkurs 0,8 km im Pionierpark, Spurweite 600 mm, Nachbildung der ersten deutschen Lokomotive «Adler».

Halle: Eingleisiger Rundkurs, 1,9 km, auf der Saaleinsel Peißnitz. Diesellokomotiven.

Leipzig: Eingleisige Rundstrecke um den Auensee im Naherholungsgebiet Wahren. 1,9 km lang, Spurweite 381 mm, Dampflokomotiven.

Plauen: Eingleisige Ringstrecke im Park an der Hainstraße, 1 km lang, 600-mm-Spur, elektrische Lokomotiven mit Fahrleitungsbetrieb.
Vatterode: Von Vatterode im Mansfelder Bergland nach Mansfeld-Schleife, 1,2 km, Spurweite 500 mm, elektrischer Betrieb (Elektrospeicherlokomotive).

Pionierbahn Cottbus

Als bestes Beispiel einer solchen Parkbahn wollen wir hier die in Cottbus vorstellen, denn während diese Bahnen oft weitgehend einen Spielzeugcharakter und auch eine solche Funktion haben, ist die Parkbahn in Cottbus die für den Eisenbahnfan von größtem Interesse – da hier Relikte der Muskauer Waldbahn (vgl. Seite 117) zu finden sind.

Die Lok 99 301 mit nachträglich angebautem Schlepptender.

Sie wird gern in einen Ausflug zusammen mit Besuch des Zoos und einem Waldspaziergang vom Endbahnhof Friedenseiche aus eingeplant, ist also keineswegs nur ein Beförderungsmittel für Kinder. Man fährt vom April bis zum Oktober in 15- oder 30-Minuten-Abständen, an Werktagen nachmittags (nach Schulschluß), am Sonntag den ganzen Tag, und Freitag ist Ruhetag.

Bei unserem Besuch war die Lok mit der großen Nummer 1739 (Fabrik-Nummer von Linke-Hofmann in Breslau) gerade am Vortag vom Reichsbahn-Ausbesserungswerk zurückgekommen, wo die Durchsicht vorgenommen worden war. Hier ein paar Daten:

Bauart Dn2
Rad Durchmesser 560 mm
Achsstand 2260 mm
Länge über Puffer 5800 mm
Leergewicht 10 200 kg
Dienstmasse 12 000 kg
Höchstgeschwindigkeit 15 km/h (jetzt 12 km/h)
Wasservorrat 1,1 m^3
Kohlevorrat 0,7 t
Baujahr 1918

Die Fahrzeuge haben Mittelpuffer-Kupplung. Neben einer zweiachsigen Diesellok, die wir beim Rangieren sahen, und einer größeren (B1) für den «zweiten Zug», der am Bahnhof Zoo kreuzt, befindet sich die DR 99 3301 «Graf Arnim», in der Aufarbeitung. Sie war die erste Lokomotive der Muskauer Waldeisenbahn aus deren Eröffnungsjahr 1895. Dazu gibt es noch einen vierachsigen Original-Packwagen und auf den Fahrgestellen alter Güterwagen aufgebaute vierachsige Sitzwagen mit und ohne Dach mit je drei Abteilen mit 24 Sitzplätzen und 2,4 t Gesamtgewicht.

Die Lok 1739 ist soeben von der Revision zurückgekommen.

Lokomotiven der Deutschen Reichsbahn

Die Lokomotivbeschaffung ist in der DDR andere Wege gegangen als bei deren westlichen Nachbarn. Der Besucher sieht deshalb eine Reihe von ihm nicht geläufigen Typen, deren wichtigste hier vorgestellt werden sollen.
Wenn wir dem allgemeinen Brauch nicht folgen und hier mit den Diesellokomotiven anfangen, so liegt der Grund dafür beim damaligen Ministerrat der DDR, der im Hinblick auf das unbefriedigende Tempo der Elektrifizierung 1966 den Beschluß faßte, die «Verdieselung» der DR zu forcieren mit dem Ziel, daß die Zugförderung durch Dieseltriebfahrzeuge von drei Prozent im Jahre 1965 auf 72 Prozent bis 1978 steigen solle. Das machte neben dem Bau von Diesellokomotiven auch einen umfangreichen Import notwendig.

Diesellokomotiven

Baureihe 110
Lassen wir die Rangierlokomotiven «links» liegen, um die Sache zu erleichtern. Den Zugverkehr «alle Tage» erledigt weitgehend die V 100, eine B'B'-Lok mit hydraulischer Kraftübertragung. Sie wurde ab 1966 in größeren Stückzahlen in Dienst gestellt, um die Lücke zwischen den damaligen V 60 und V 180 (mit 600 und 1800 PS) zu schließen. Die V 100 (Baureihe 110) wird von einem wassergekühlten, aufgeladenen Zwölfzylinder-Viertakt-Dieselmotor angetrieben, dessen Kraft über Gelenkwellen auf die Achsgetriebe in den beiden Drehgestellen übertragen wird. Die Lokomotive gestattet Ein-Mann-Bedienung auch bei Mehrfachtraktion und im Wendezugbetrieb. Sie bewährte sich durch gute Laufeigenschaften, geringe Lärmentwicklung, Zuverlässigkeit und hohe Lebensdauer.
Die Lokomotiven der Baureihe 110 wurden in verschiedenen Varianten im Kombinat Lokomotivbau-Elektrotechnische

Werke Hans Beimler in Hennigsdorf für die DR und für den Export gebaut. Haupteinsatzgebiet ist der Personenzugdienst auf Haupt- und Nebenstrecken.
Ab 1971 erfolgte der Einbau des stärkeren Motors (883 kW) und die Neueinordnung als Baureihe 112. Eine weitere Variante sind die Lokomotiven der Baureihe 111 im Rangiergelb, die für den Rangier- und Güterzugdienst vorgesehen sind, aber hin und wieder auch Reisezüge führen. Sie sind für eine Höchstgeschwindigkeit von 65 km/h ausgelegt und haben wegen des Fortfalls der Zugheizung nur 62 t Dienstmasse.

Baureihe 118
Zunächst als V 180 (1800 PS) kam die erste Lokomotive 1959, drei weitere zur Erprobung bis 1963. Zwei wassergekühlte aufgeladene Zwölfzylinder-Viertakt-Dieselmotoren treiben über Strömungsgetriebe und Gelenkwellen je ein zweiachsiges Drehgestell an. Die V 180 war als Universallok für den Schnellzug-, den schweren Personenzug- und Güterzugdienst vorgesehen. Die Lokomotiven haben Vielfachsteuerung für Mehrfachtraktion und Wendezugbetrieb. Die 118 131 fällt durch eine besondere blendfreie Gestaltung der Frontscheiben auf. Lokomotiven der Baureihe 118.0 werden nachträglich mit dem stärkeren Dieselmotor ausgerüstet und in die neue Baureihe 118.5 übernommen.
Die Unterbaureihe 118.2-4 mit der Achsfolge C'C' wurde wegen der hohen Achslast der vierachsigen Lokomotive für die Verwendung auf Nebenstrecken notwendig. Auch hier wurde eine Umrüstung auf leistungsfähigere Dieselmotore vorgenommen, wonach die 118.2-4 zu 118.6-8 wurden. Gebaut wurden die 118er beim VEB Lokomotivbau «Karl Marx» in Babelsberg.

Baureihe 119
Die für Nebenbahnstrecken benötigte leistungsfähige Diesellokomotive mit einer Achslast von nur 16 bis 17 t wurde nach den Spezialisierungsvereinbarungen des Rats für gegenseitige Wirtschaftshilfe in Rumänien in Auftrag gegeben. Die Ähnlichkeit mit der V 180 ist unverkennbar, es wurde aus Gründen rationel-

ler Unterhaltung auch die Verwendung vieler gleichartiger Teile vereinbart, die zum Teil aus der DDR angeliefert wurden. Die Lokomotive hat eine Generator-Anlage für die elektrische Zugheizung. Die Beschaffung erfolgte in den Jahren 1977 bis 1985.

Baureihe 120

Im Zuge internationaler Arbeitsteilung, die der DDR die Fertigung von Diesellokomotiven bis 2000 PS zuteilte, entfiel die geplante V 240 zugunsten von Einfuhren schwerer Diesellokomotiven aus der UdSSR. Das begann im Jahr 1966 mit der damaligen V 200, heute Baureihe 120, für den schweren Güterzugdienst, auf die elektrische Zugheizung wurde also vorerst verzichtet. Wichtig zu wissen ist, daß diese wie die übrigen aus der UdSSR importierten folgenden Lokomotiven mit elektrischer Kraftübertragung arbeiten. Wegen ihrer charakteristischen Fahrgeräusche werden sie «Taiga-Trommel» genannt.
Die Baureihe 120 ist mit einem Zwölfzylinder-Zweitakt-Dieselmotor (750 U/min) ausgestattet, die folgenden Baureihen dann ausnahmslos mit einem Sechzehnzylinder-Viertakt-Dieselmotor (1000 U/min), und sechs Gleichstrom-Fahrmotoren. Die Lokomotive ist eine Gemeinschaftsentwicklung mehrerer Länder, die sie auch selbst einsetzen.

Baureihen 130, 131, 132

Speziell für den schweren Güter- und Reisezugdienst hatte die Maschinenfabrik Woroschilowgrad eine neue Diesellok entwickelt, deren Lieferung im Jahre 1970 begann. Die Baureihe 130 war für den Reisezugbetrieb mit einer Geschwindigkeit bis zu 140 km/h vorgesehen, die Baureihe 131 erhielt für den schweren Güterzugbetrieb eine veränderte Übersetzung, welche die Höchstgeschwindigkeit auf 100 km/h herabsetzte, bei erhöhter Anfahrzugkraft. Die Baureihe 132 unterscheidet sich von den beiden vorgenannten durch eine elektrische Zugheizung. Bei voller Heizleistung wird dadurch die Traktionsleistung um 600 kW auf 1600 kW herabgesetzt. Das sieht in der Praxis so aus, daß von den 15 Fahrstufen die letzten vier nur dann freigegeben werden, wenn die Energie nicht für die Hei-

Die Daten der Diesellokomotiven

Baureihe	V 100 110/112	V 180 118.0–1+5	118.2–4+6–8	119	V 200 120	V 300 130	131	132	142
Achsfolge	B'B'	B'B'	C'C'	C'C'	Co'Co'	Co'Co'	Co'Co'	Co'Co'	Co'Co'
Rad Durchmesser mm	1000	1000	1000	1000	1050	1050	1050	1050	1050
Länge über Puffer mm	13 940	19 460	19 460	19 500	17 550	20 620	20 620	20 620	20 820
Höchstgeschwindigkeit km/h	100	120	120	120	100	140	100	120	120
Zahl der Motoren	1	2	2	2	1	1	1	1	1
Kraftübertragung	hy	hy	hy	hy	el	el	el	el	el
Leistung kW	736–883	2 × 662–736	2 × 736	2 × 990	1470	2200	2200	2200	2940
Anfahrzugkraft kN	206–222	211–255	235	220	373	245	333	340	343
Dauerzugkraft kN	136–151	122–160	152		196			200	241
Dienstmasse/Reibungsmasse t	63,7	78	90	96	116	120	120	123	125

hy = hydraulisch, el = elektrisch

zung benötigt wird. Ein temporäres Abschalten der Heizung beim Anfahren oder an Steigungen ist möglich.
Die Lokomotiven sind für Vielfachsteuerung eingerichtet, zum Einbau einer automatischen Mittelpufferkupplung geeignet, und zum Teil mit einer parallel zu den beiden Druckluftbremsen arbeitenden Gleichstrom-Widerstandsbremse ausgerüstet. Sie erwiesen sich als erheblich leistungsfähiger als die von ihnen abzulösenden Dampfloks.

Baureihe 142
Diese leistungsstärkste Diesel-Lokomotive der DR wird bevorzugt für den schweren grenzüberschreitenden Reisezugdienst eingesetzt. Viele Teile entsprechen denen der 130er Baureihen. Die Motorleistung ist durch Hochaufladung größer, der Hauptgenerator leistungsfähiger. Die Lokomotiven können wegen ihrer hohen Achslast nur auf Hauptstrecken verwendet werden, wo durch weitere Elektrifizierung nur ein geringer Bedarf an Dieselloks besteht. Die Beschaffung umfaßte daher nur sechs Einheiten.

Elektrische Lokomotiven

Baureihe 211

Wir wollen den «Altbestand» unberücksichtigt lassen. Einige Veteranen werden ebenso wie eine Handvoll Dampflokomotiven erhalten, um dem steigenden Hang zur Nostalgie – in der Museumshalle wie auf den Schienen – zu befriedigen.

Die erste Neubaureihe nach dem Zweiten Weltkrieg war die 211 (damals E 11). Die ersten Serienlokomotiven wurden nach etwa zweijähriger Erprobung 1962 ausgeliefert. Der Anfang war hart, die Kinderkrankheiten häuften sich, waren doch auf dem Gebiet der DDR früher keine elektrischen Lokomotiven gebaut worden.

Baureihe 242

Die als E 42 ab 1963 in Serie gebaute Lokomotive gleicht in ihrer elektrischen Ausführung der 211, hat aber eine Übersetzung, die es ihr erleichtern soll, mit geringerer Geschwindigkeit schwere Güterzüge und Personenzüge zu führen. Sie wurde in großen Stückzahlen beschafft und bewährte sich gut als Universallok.

Sowohl bei der 242 als auch bei der 211 sind die teilweise eingebauten Vielfachsteuerungen wieder entfernt worden, da sich diese Art des Betriebs nicht bewährt hat und auch nicht mehr praktiziert wird, seit mit der 250 eine leistungsfähige Alternative gegeben ist.

Die Baureihe 251 (früher E 251) ist eine Sonderentwicklung für die Rübelandbahn und wird dort (Seite 163) besprochen.

Baureihe 250

Ab 1974 erprobt, ab 1977 in Serie geliefert, eine Neuentwicklung für den schweren Güterzug- und Schnellzugdienst, sechs Achsen und 5400 kW Stundenleistung, daß war eine Korrektur der Ansicht, man käme mit den Bo'Bo'-Lokomotiven aus und eine Möglichkeit, auf die unrentable Mehrfachbespannung zu verzichten. Die 250 gehört zur zweiten Generation der DDR-Elektroloks – «vollelektronisch gesteuert» mit vorgewählter

Geschwindigkeit, wobei die Zugkraft auf die Haftwertgrenze abgestellt wird. Es würde zu sehr in die Einzelheiten gehen, hier die technischen Finessen wie den zugkraftstufenfreien Übergang von einer Schaltstufe zur anderen, die Funktion der elektrischen Widerstandsbremse oder des Gummikegelringfederantriebs zu erläutern und mit der «Vor-250-Zeit» zu vergleichen.

Baureihen 212 und 243
Sie stellen die Übertragung der mit der Baureihe 250 gewonnenen Erfahrungen auf den leichteren Schnellzug- und Güterzugdienst dar. Die äußere Form wurde wegen der höheren Geschwindigkeit «geliftet». Zugfunkanlage und Bordrechner gehören ebenso zur Führerstandausrüstung wie Thermofach, Waschgelegenheit, Kleiderschrank und Aktenschrank. Auch hier wird die vorgegebene Geschwindigkeit am Fahrschalter eingestellt, elektronische Anpassung der Beschleunigung wie der Bremsung an den Haftwert zwischen Rad und Schiene erhöhen die Sicherheit, ebenso das punktuelle Zugbeeinflussungssystem (Indusi) von außen.

Die Daten der elektrischen Lokomotiven

Baureihe	E 11 211	E 42 242	250	212	243
Achsfolge	Bo'Bo'	Bo'Bo'	Co'Co'	Bo'Bo'	Bo'Bo'
Rad Durchmesser mm	1350	1350	1250	1250	1250
Länge über Puffer mm	16 260	16 260	19 600	16 640	16 640
Höchstgeschwindigkeit km/h	120	100	125	140	120
Zahl der Motoren	4	4	6	4	4
Anfahrzugkraft kN	209	245	465	248	248
Stundenleistung kW	2920	2920	5400	3720	3720
bei km/h	98	72	100	115	102
Dienstmasse/Reibungsmasse t	82,5	82,5	123	82	82

Hier wollen wir noch einmal auf die in diesem Kapitel nicht beschriebenen historischen Dampflokomotiven zurückkommen, die auf Schmalspurstrecken oft im täglichen Einsatz sind. Der aufmerksame Eisenbahnfreund wird bald in einen Bezeichnungsdschungel geraten, weil diese Dampflokomotiven viele Bezeichnungen haben bzw. gehabt haben.
Gewiß, auch die diesel- und elektrisch betriebenen Lokomotiven erhielten 1970 neue Bezeichnungen, so wurde aus der E 11 die 211, aus der V 180 die 118. Die Dampflokomotiven erscheinen aber als Museumsbahnen oder Denkmale, auch vor Traditionszügen, oft in jeder Hinsicht in den Ursprungszustand zurückversetzt. Dazu gehört die Baunummer der Maschinenfabrik, wie sie zum Beispiel die 1739 der Pionierbahn in Cottbus trägt. Aus der Länderbahnzeit, also vor dem Ersten Weltkrieg, stammen die alten Bezeichnungen wie die S, P, G und T für Schnellzug-, Personenzug-, Güterzug- und Tenderloks aus Preußen. In Radebeul Ost steht die IV K der Sächsischen Staatsbahn, in Originalfarben mit der damaligen Nummer 132. Bei der Reichsbahn gehört sie zur Baureihe 99^{51-60}. Mit der Neubezeichnung 1970 wurde den Schmalspur-Dampfloks eine Kennziffer zwischen der Stammnummer 99 und der darauf folgenden Kennziffer gegeben, und zwar

für 600-mm-Spur 99 3 . . .
für 750-mm-Spur 99 1 . . . und 4 . . .
für 900-mm-Spur 99 2 . . .
für 1000-mm-Spur 99 5 . . . und 7 . . .

In diesem Rahmen konnten die bis dahin geltenden DR-Bezeichnungen, ergänzt durch eine Kontrollnummer am Schluß, übernommen werden.

ANHANG

Die ersten Eisenbahnstrecken auf dem Gebiet der ehemaligen DDR

1837

April — Leipzig–Althen
Teil der Strecke Leipzig–Dresden

November — Althen–Gerichshain
Teil der Strecke Leipzig–Dresden

1838

Mai — Gerichshain–Machern
Teil der Strecke Leipzig–Dresden

Juli — Machern–Wurzen
Dresden–Radebeul
Teile der Strecke Leipzig–Dresden

September — Wurzen–Dahlen
Radebeul–Oberau
Teile der Strecke Leipzig–Dresden
Zehlendorf–Potsdam
Teil der Strecke Berlin–Potsdam

Oktober — Zehlendorf–Berlin
Fertigstellung der Strecke Berlin–Potsdam

November — Dahlen–Riesa
Teil der Strecke Leipzig–Dresden

1839

April — Riesa–Oberau
Fertigstellung der Strecke Leipzig–Dresden

Juni — Magdeburg–Schönebeck
Teil der Strecke Magdeburg–Leipzig

September — Schönebeck–Saalebrücke bei Calbe
Teil der Strecke Magdeburg–Leipzig

1840

Juni — Saalebrücke bei Calbe–Köthen
Teil der Strecke Magdeburg–Leipzig

Juli — Köthen–Halle
Teil der Strecke Magdeburg–Leipzig

August	Halle–Leipzig Fertigstellung der Strecke Magdeburg–Leipzig
September	Dessau–Köthen Teil der Berlin-Anhaltischen Eisenbahn

1841

Juli	Berlin–Jüterbog Teil der Berlin-Anhaltischen Eisenbahn
August	Coswig–Dessau Wittenberg–Coswig Teile der Berlin-Anhaltischen Eisenbahn
September	Jüterbog–Wittenberg Fertigstellung der Berlin-Anhaltischen Eisenbahn

1842

Juli	Berlin–Eberswalde Teil der Strecke Berlin–Stettin
September	Leipzig–Altenburg Teil der Sächsisch-Bayrischen Eisenbahn
Oktober	Berlin–Frankfurt/Oder
November	Eberswalde–Angermünde Teil der Strecke Berlin–Stettin

1843

Juli	Magdeburg–Halberstadt
August	Angermünde–Rosow Teil der Strecke Berlin–Stettin

1844

März	Altenburg–Crimmintschau Teil der Sächsisch-Bayrischen Eisenbahn

1845

September	Crimmintschau–Zwickau Teil der Sächsisch-Bayrischen Eisenbahn
November	Dresden–Radeberg Teil der Sächsisch-Schlesischen Eisenbahn
Dezember	Radeberg–Bischofswerda Teil der Sächsisch-Schlesischen Eisenbahn

Literatur zum Thema

Arndt, Gerhard/Bäzold, Dieter: Museums-Lokomotiven und -Triebwagen in der DDR, Transpress VEB Verlag für Verkehrswesen, Berlin, Lizenzausgabe R. v. Decker's Verlag, G. Schenck, Heidelberg 1986.

Bayer/Sobek: Der Bayerische Bahnhof in Leipzig, Transpress VEB Verlag für Verkehrswesen, Berlin 1985.

Bley, Peter: Berliner S-Bahn, Alba Publikation Düsseldorf 1980/1989.

Blickensdorf, Bernd: Die Thüringerwaldbahn, Transpress VEB Verlag für Verkehrswesen, Berlin 1988.

Borchert, F./Kirsche, H.-J.: Lokomotiven der Deutschen Reichsbahn, Transpress VEB Verlag für Verkehrswesen, Lizenzausgabe R. v. Decker's Verlag, G. Schenck, Heidelberg 1986.

Christopher/Hengst/Schweers: Schmalspurdampf im Harz und an der Ostsee, Ein aktueller Führer 1990, Verlag Schweers + Wall, Aachen.

Drescher, Werner: Die Saal-Eisenbahn und ihre Anschlußbahnen, Transpress VEB Verlag für Verkehrswesen, Berlin 1987.

Großstück, Harald: Die Spreewaldbahn, Stadtarchiv Cottbus.

Grüber: Steilrampen über den Thüringer Wald, Transpress VEB Verlag für Verkehrswesen, Berlin 1983.

Hengst/Facius/Bimmermann: Schmalspurdampf in Sachsen, Ein aktueller Führer 1990, Verlag Schweers + Wall, Aachen.

Jünemann, Klaus/Preuß, Erich: Schmalspurbahnen zwischen Spree und Neiße, Transpress VEB Verlag für Verkehrswesen, Berlin 1988.

Klee, Wolfgang: Preußische Eisenbahngeschichte, Verlag W. Kohlhammer, Stuttgart 1982.

Obermayer, Horst J.: Taschenbücher Deutsche Dampflokomotiven/Deutsche Schmalspur-Dampflokomotiven/Deutsche Triebwagen, Franckh'sche Verlagshandlung, Stuttgart.

Preuß, Erich/Preuß, Reiner: Schmalspurbahnen in Sachsen, Transpress VEB Verlag für Verkehrswesen, Berlin 1883, Lizenzausgabe Alba Publikation, Düsseldorf.

Preuß, Reiner: Die Müglitztalbahn, Transpress VEB Verlag für Verkehrswesen, Berlin 1985, Lizenzausgabe Alba Publikation, Düsseldorf.

Röper, Hans u. a.: Harzquer- und Brockenbahn, Transpress Berlin, 2. Auflage 1990.

Schultz, Lothar: Eisenbahnen in Mecklenburg, Transpress VEB Verlag für Verkehrswesen, Berlin 1988.

Steinke: Die Rübelandbahn, Transpress VEB Verlag für Verkehrswesen, Berlin 1982.

Ulbricht, Ludwig Ferdinand: Geschichte der Königlich Sächsischen Staatseisenbahnen, Reprint der Ausgabe von 1989, Zentralantiquariat der DDR, Leipzig 1989.

Wagner/Wagner/Deppmeyer: Reisezugwagen deutscher Eisenbahnen, Band 6.1 und 6.2 des Eisenbahn-Fahrzeug-Archivs, Länderbahnen und Deutsche Reichsbahn-Gesellschaft, Deutsche Bundesbahn und Deutsche Reichsbahn, Transpress VEB Verlag für Verkehrswesen, Berlin 1986/1987, Lizenzausgabe Alba Publikation, Düsseldorf.

Zieglgänsberger, Gerhard/Röper, Hans: Die Selketalbahn, Transpress VEB Verlag für Verkehrswesen, Berlin 1989.

Die schmalspurigen Staatseisenbahnen im Königreiche Sachsen, Reprint der Ausgabe des Verlages von Wilhelm Engelmann in Leipzig von 1895, Zentralantiquariat der DDR, Leipzig 1988.

Eisenbahnatlas der DDR, VEB Tourist Verlag, Berlin–Leipzig 1987, Lizenzausgabe Eisenbahn-Kurier Verlag, Freiburg.

Vom Gedanken zur Wirklichkeit, Dokumente zur ersten deutschen Ferneisenbahn 1833–1839, Transpress VEB Verlag für Verkehrswesen, Berlin 1989.

Bildverzeichnis

Für die Zurverfügungstellung von Bildmaterial und die Abdruckerlaubnis danken wir

Sven Burkhardt, Neudorf 63, 68, 75, 79, 80
Vereinigung Freunde des Bayrischen Bahnhofs in Leipzig e.V., München 109 Foto Schaich, 110/111, 112
Parkbahn Cottbus 168
Schmalspurbahnmuseum Oberrittersgrün 89, 90, 91
Hans Joachim Schramm, Ostseebad Kühlungsborn 139, 140
Traditionsbahn Radebeul Ost – Radeburg 83 [2], 84, 85
Verkehrsmuseum Dresden 94/95, 96, 97, 100, 102 [2], 104.

Alle anderen Fotos vom Verfasser oder aus dessen Archiv.

Register

Weitere Bücher von Rolf L. Temming:

Museumsbahnen
Deutschland – Österreich – Schweiz
256 Seiten mit einfarbigen Abbildungen und Karten
Neben der modernen Bahntechnik sind es die Nostalgiebahnen, die sich zunehmender Beliebtheit erfreuen. Mit großem Aufwand werden Rollmaterial und Strecken gehegt und gepflegt. Museumsbahnen sind keine Fahrzeuge, die in Museen verstauben, es sind lebendige Zeugen aus der Pionierzeit, mit denen Fahrten unternommen werden. Wie, wann und wo solche außergewöhnlichen Bahnerlebnisse möglich sind, zeigt dieses Taschenbuch.

Eisenbahn-Erlebnisreisen
in der Bundesrepublik Deutschland
232 Seiten mit einfarbigen Abbildungen und Karten
Dieses handliche Nachschlagewerk beschreibt eine Reihe von erlebnisreichen Eisenbahnfahrten in der Bundesrepublik Deutschland

Eisenbahn-Museen
Deutschland – Österreich – Schweiz
224 Seiten mit einfarbigen Abbildungen und Karten
Viele Museen in der Bundesrepublik Deutschland, Österreich und in der Schweiz haben sich voll und ganz der Eisenbahn verschrieben. Von der kleinsten Dampflok bis zu Giganten der elektrischen Traktion wird in den verschiedenen Museen gezeigt, was eisenbahntechnische Entwicklungsgeschichte darstellt. Wo man was sehen und bestaunen kann, wird in diesem Buch auf umfassende Weise erklärt.